O MAIOR GUIA DA
FAÇA
PRODUTIVIDADE,
LOGO
PROCRASTINAÇÃO
ESSA
& LUCRATIVIDADE
# M*RDA

JEFFREY GITOMER

M.Books

M.Books do Brasil Editora Ltda.

Rua Jorge Americano, 61 - Alto da Lapa
05083-130 - São Paulo - SP - Telefones: (11) 3645-0409/(11) 3645-0410
Fax: (11) 3832-0335 - e-mail: vendas@mbooks.com.br
www.mbooks.com.br

Dados de Catalogação na Publicação

JEFFREY, Gitomer.
Faça Logo Essa M*rda / Jeffrey Gitomer.
2021 – São Paulo – M.Books do Brasil Editora Ltda.

1. Produtividade 2. Vendas 3. Negócios
ISBN: 978-85-7680-344-7

Do original em inglês: Get Sh*t Done
Publicado originalmente por John Wiley & Sons, Inc.

©2020 Jeffrey Gitomer
©2021 M.Books do Brasil Editora Ltda.

Editor
Milton Mira de Assumpção Filho

Tradução
Maria Beatriz Medina

Produção Editorial
Lucimara Leal

Capa
Isadora Mira

Editoração
3Pontos Apoio Editorial

2021
Direitos exclusivos cedidos à
M. Books do Brasil Editora Ltda.
Proibida a reprodução total ou parcial.
Os infratores serão punidos na forma da lei.

DE QUE MERDA TRATA ESTE LIVRO?...

Faça logo essa merda fala do modo como as suas ações, a sua atitude e a sua concentração afetam a produtividade, as realizações e, principalmente, os resultados.

Faça logo essa merda trata dos segredos perdidos da realização e da conquista e da nova ciência de fazer, ter e vencer.

Faça logo essa merda fala de dobrar as suas conquistas, os seus hábitos de trabalho e a sua renda com 3,5 mudanças e ações simples.

Faça logo essa merda vai lhe mostrar a seriedade e a autenticidade das estratégias a implementar, o valor e a facilidade da implementação, o valor da satisfação depois de conseguir essa merda e a renda adicional que resulta do aumento do resultado positivo.

SUMÁRIO

IDEIAS
- Não é só você, eu também não consigo fazer logo essa merda 10
- Por que eu? 12
- Por que Marden está neste livro? 14
- Destrancar o mistério da produtividade e trancar lá dentro os segredos do sucesso 16
- Este livro fala de remexer a merda 18
- O segredo de fazer logo essa merda gira em torno de 3,5 princípios principais... 21
- Classifique-se 22
- Descoberta: o fator A-HÁ! 23
- Fazer ou não fazer... Essa é a INTENÇÃO, o DESEJO, a EVITAÇÃO... e talvez o ARREPENDIMENTO 27
- Por que as pessoas (VOCÊ) não conseguem fazer logo essa merda? 28

PENSE
- Por que você não cumpre as metas que estabelece? 38
- Que PODERES você REALMENTE promove? 43

BOMBAS-RELÓGIO
- O uso de merda que você dá ao tempo... 46
- Classifique as suas distrações mentais e físicas... 48

CONQUISTE
- Se é para estabelecer uma "meta", faça do jeito certo 54
- Para cumprir as suas metas, é preciso fazer o seguinte... 57
- Ponha as suas metas bem na sua cara. 59
- Metas são sonhos com um plano e outros contos de fadas. 62

RESPOSTAS
- Fazer logo essa merda começa com o "P" de VOCÊ 68
- As pessoas rejeitam ou não querem lidar com reclamações nem problemas porque.... 73
- Até que ponto você é responsável? 75

- Bom, melhor, melhor de todos. Qual deles é você? ... 76
- Você está esgotado ou só odeia o que faz? ... 84
- Comece o dia na noite anterior ... 88
- Acorde e sinta o cheirinho do sucesso ... 90
- A fórmula secreta e o fator Bob Esponja ... 101
- Essa é a fórmula secreta de 100 anos para Fazer Logo Essa Merda ... 104
- Você é o conjunto de elementos das suas respostas e reações ... 107

VENDAS e TEMPO
- O tempo está do seu lado, desde que você o entenda ... 114
- "A procrastinação é um sintoma" ... 120
- "Estabeleça prazos para as conquistas" ... 121

VENDAS e VOCÊ
- PERSISTÊNCIA E "ANTENAS LIGADAS"... DOIS dos principais princípios para Fazer Logo Essa Merda... ... 126
- Vença a *Relutância em ligar* e a *Relutância em conquistar* do mesmo jeito que as obteve ... 130
- Eu ia dar retorno, MAS... ... 133
- Socorro! Socorro, estou caindo no buraco, não consigo vender! ... 138
- Economia boa ou ruim? Qual é a situação REAL? ... 144

CONQUISTE AGORA
- Use o seu poder pessoal de fazer logo essa merda ... 152
- AA no século XXI: Ações para Avançar ... 158
- Como conquistar ... 160

SABEDORIA
- As crianças ensinam o valor, o propósito, a surpresa e a sabedoria do UAU! ... 168
- Orison Swett Marden ... 171
- O plano de ação para fazer logo essa merda no mundo real ... 191
- 3,5 realidades para ajudar você a superar a "lombada" ... 192
- 12,5 passos para fazer logo essa merda ... 198

> "Quem passa o tempo com ansiedade perde o tempo da produtividade"
>
> Jeffrey Gitomer

ID*IAS

Não é só você, eu também não consigo fazer logo essa merda

A produtividade, além de ser de todo mundo, também é problema seu...

... e meu.

Vivo num mundo onde tenho múltipla escolha de coisas a fazer todo dia, e, às vezes, são tantas opções que não faço nada. Admito.

Por outro lado, escrevo este livro, e você, não.

E aí vem a pergunta óbvia: numa lista de dez coisas a fazer, qual delas você faz primeiro? A resposta é sempre A MAIS IMPORTANTE (não a mais urgente).

Tendo a me concentrar no pânico do fim do prazo. Quando o pânico termina, então tenho um pouquinho de paz. Para Fazer Logo essa Merda, é preciso haver intervalos de paz.

A minha luta, a sua luta, é por tempo e contra o tempo. Vinte e quatro horas: é o que eu e você temos em comum. A nossa diferença está no USO do tempo.

Nas próximas páginas, você descobrirá as MELHORES maneiras de investir o seu tempo em ações produtivas e lucrativas; divirta-se muito e sinta-se ÓTIMO com as suas conquistas.

A fórmula de SUCESSO para Fazer Logo Essa Merda...

Produtividade menos Procrastinação
DOBRA O LUCRO

Os ingredientes secretos são... desejo, determinação, amor pelo que faz e "ações baseadas em sucesso para fazer logo essa merda".

"Decidir" e "Ter a intenção" são as forças desconhecidas que criam as ações
que fazem logo essa merda; depois, é só uma questão de concentração.

Vou lhe MOSTRAR cada passo,
DEFINIR cada passo,
ESCLARECER cada passo,
mas quem DÁ O PASSO é você.

CUIDADO:
Este livro não é para gente merecedora, é para gente
ESCLARECIDA e DETERMINADA.

Se concentre no jogo de fazer logo essa merda: o jogo do trabalho, o jogo da realização, o jogo do sucesso, o jogo do dinheiro.
Tudo depende TOTALMENTE de você;
tire a bunda da cadeira e mãos à obra.

Por que eu?

O propósito de *Faça logo essa merda*[1] é ajudar você a entender os "obstáculos do caminho" ou "da cabeça" que o impedem de obter conquistas diárias e, finalmente, conseguir o que quer. E este livro também lhe dará ideias e respostas que o ajudarão a fazer acontecer.

IDEIAS E DIRETRIZES PARA FAZER LOGO ESSA MERDA
- **As lições são curtas, tranquilas, compreensíveis e implementáveis de imediato,**
- **MAS você tem de se dispor a TRABALHAR.**
- **Ninguém pode empurrar você para o motor pegar, a não ser que você esteja disposto a engatar a marcha.**
- **Seu carro tem combustível e você sabe dirigir.**
- **Agora, vá descobrir o que o inspira a pisar no acelerador.**

Em algum momento, alguém encontra um muro, um bloqueio na estrada ou uma barreira que impede a produtividade; alguns são temporários, outros de longo prazo. Há toneladas de bloqueios e barreiras: pessoais, de saúde, de relacionamento, vícios, carreira, dinheiro, emprego, chefes, etc., etc.

Um objetivo deste livro é fazer você identificar os seus bloqueios de tempo e conquistas. Explique-os e depois não se esqueça de adotar Ações de Avanço para se inspirar a resolver o que o puxa para trás e impede que você tenha uma vida de felicidade, realização, independência e riqueza.

Reserve um momento e pense nos seus bloqueios.

Aposto que são vários, com um ou dois bem grandes.

---

[1] O título "Faça logo essa merda" foi ideia de Matt Holt, meu amigo há 20 anos e vice-presidente editorial da Wiley.

Atitude, mentalidade, concentração são alguns remédios, MAS não há uma só panaceia. Há um monte de PEPITAS DE OURO, também chamadas de OPORTUNIDADES DE OURO.

Onde está a sua merda?

Qual é a sua merda?

Quando ela será feita?

Quando deveria ser feita? AI!

Relaxe, leia e estude.

Este livro tem as respostas de OURO.

Por que Marden está neste livro?

Orison Swett Marden é um dos criadores do pensamento positivo e do desenvolvimento pessoal. Foi mentor e luz condutora de pessoas como Napoleon Hill e Dale Carnegie. Pelos líderes empresariais da sua época, ele também foi considerado A pessoa a procurar pela sabedoria que melhora a vida.

Na época em que eu estava escrevendo um livro sobre os princípios de vendas e administração de John Patterson, o fundador da NCR, um livreiro de Dayton, no estado de Ohio, entrou em contato comigo e me perguntou se eu queria comprar algum livro da biblioteca da Patterson. É CLARO QUE QUERO!

Um dos livros que comprei foi *He Can Who Thinks He Can* (em português, *Quem pensa que pode, pode*), de Orison Swett Marden. Para mim, foi a prova de que não há coincidências, só placas de orientação.

O livro que comprei tinha sido lido E sublinhado por Patterson.

Várias citações sublinhadas estão espalhadas por este livro, para lhe dar mais inspiração e para provar que o "adiamento" de fazer logo essa merda existe há mais de um século.

Você vai adorar as citações e a história da evolução da atitude positiva e do desenvolvimento pessoal.

Orison Swett Marden também foi uma das inspirações para fazer logo essa merda.

> "Não espere oportunidades extraordinárias. Pegue as ocasiões comuns e as transforme em GRANDES!"
>
> **Orison Swett Marden**
>
> **Autor e fundador da** *Success Magazine*

Destrancar o mistério da produtividade e trancar lá dentro os segredos do sucesso

Todo mundo quer fazer mais e, em consequência, ser mais e ter mais.

Este livro *Faça logo essa merda* terá um efeito profundo sobre quem busca compreender e implementar os elementos da produtividade maior, saber o que causa a procrastinação e conquistar o entendimento da fórmula de que produtividade menos procrastinação leva ao LUCRO.

O livro em si delineará e definirá o passo a passo do processo de conquista que começa com a atitude e passa pelos elementos do sucesso: crença, desejo, determinação, metas, produtividade, resiliência, realização e satisfação. Mas o livro não estaria completo sem definir totalmente e apresentar os planos de jogo da eliminação dos elementos destrutivos da produtividade e da conquista: a procrastinação e a relutância.

A arquitetura do livro tornará a leitura fácil e agradável, e as mensagens e desafios centrais apresentados neste livro tão informativo serão, ao mesmo tempo, transferíveis ao leitor e fáceis de implementar.

A melhor parte de *Faça logo essa merda* é que serve para todos os caminhos da vida. Você tem uma "lista de afazeres", um projeto, uma tarefa, uma meta, um plano ou um sonho. Este livro levará você de "a realizar" a "realizado".

NOTA AOS VENDEDORES: Há várias páginas dedicadas a vocês com ideias e estratégias pensadas especialmente para DESPERTAR O QUE DE MELHOR VOCÊ TEM EM SEU INTERIOR.

NOTA AOS NÃO VENDEDORES: Leia todas as páginas de vendas e só substitua pelo que você faz.

"O propósito de *Faça Logo Essa Merda* é ajudar você a entender os 'obstáculos do caminho' ou 'da cabeça' que o impedem de obter conquistas diárias e, finalmente, conseguir o que quer."

Jeffrey Gitomer

Este livro fala de remexer a merda

1. Defina o que TEM INTENÇÃO de fazer. As metas não importam quando falta intenção. Quando acordar, TENHA A INTENÇÃO de obter sucesso no nível MELHOR DE TODOS e terá uma chance de fazer logo essa merda. As suas intenções impulsionam a sua produtividade e as suas realizações. Caso você seja um procrastinador, um canalha preguiçoso ou só não tiver motivação pessoal, HÁ UMA RAZÃO PARA ISSO. Descubra o problema real por trás desses sintomas e, pronto! Produtividade. Nada acontece sem a sua intenção de fazer acontecer.

2. Autodescubra POR QUE você pretende fazer isso. Atrás de cada meta ou sonho há um PORQUÊ. Não um porquê do tipo "ganhar mais dinheiro", mas do tipo "o que farei com o dinheiro". O porquê real, que pode ter uma profundidade de três ou quatro "porquês", vai levá-lo a TODAS as linhas de chegada.

3. Aprenda a fazer um Plano de Conquista que funcione. Comece pequeno. Conquiste algo todo dia durante uma semana. Assim que perceber que está dando certo, faça planos com alvos específicos, data inicial e data final prevista.

3.5 Acrescente "até não poder mais" a todas as metas, ideias e planos. À maioria das "metas" e "planos", falta a emoção necessária para criar a urgência necessária para cumpri-los. Por isso criei a frase "até não poder mais" para acrescentar. Assim, tudo o que você quiser obter, atingir ou tornar-se atinge um novo nível de consciência e emoção interna. Experimente.

A sua lista de afazeres, a sua lista de projetos, a sua lista de pós-venda, a sua lista das crianças, a sua lista de "faça, querido", a sua lista de Natal,
a sua lista de tarefas profissionais
NUNCA ACABAM;
as tarefas mudam ou o nome muda.
Este livro fala de como lidar com elas, agir com base nelas e conquistá-las.

- Determine a sua INTENÇÃO PESSOAL.
- Dedique ações ao seu PORQUÊ REAL.
- Planeje a sua CONQUISTA TOTAL.
- Aplique o FAZER até OBTER o MELHOR.

É assim que se faz logo essa merda!

> "As pessoas não percebem o imenso valor de utilizar os minutos livres."
>
> **Orison Swett Marden**
> Do livro
> *He Can Who Thinks He Can, 1908*

O segredo de fazer logo essa merda gira em torno de 3,5 princípios principais...

1. Identificar a(s) RAZÃO(ÕES) REAL(IS) por trás da evitação
2. Entender POR QUÊ e O QUE HÁ no processo de fazer logo essa merda
3. O seu desejo e determinação de "fazer" versus a sua tolerância a riscos
3,5 Dar o primeiro passo que faça parte de um plano de conquista

Eis alguns pensamentos úteis e incentivos à ação...

Por que você começou?...
Por que procrastinou?...
Por que fez?...
Por que não fez?...
Qual era o plano?...
Qual era a meta?...
Qual era o cronograma?...
Qual era o prazo?...
Qual foi o resultado?...
O que deu errado?...
Por que atrasou?...
Quais foram as desculpas?... Razões?...
O que aconteceu?...
O que você aprendeu?...
Qual foi a "sensação"?...
E agora?... Qual é o novo plano?...
QUANDO você fará a próxima coisa?...
(data e hora específicas)

Faça esse teste para definir o nível
em que você faz logo essa merda.

Classifique-se

(1=sempre, 2=frequentemente, 3=às vezes, 4=raramente, 5=nunca)

☐ Você procrastina?   1 2 3 4 5
☐ Você se força a trabalhar?   1 2 3 4 5
☐ Você se atrasa para compromissos e reuniões?   1 2 3 4 5
☐ Não amo o que faço.   1 2 3 4 5
☐ Você arranja desculpas para atrasos?   1 2 3 4 5
☐ Você mente sobre realizações?   1 2 3 4 5
☐ Você procrastina?   1 2 3 4 5
☐ Você desperdiça o tempo?   1 2 3 4 5
☐ Você bebe/vai para a balada depois do trabalho e
   nos fins de semana?   1 2 3 4 5
☐ Você assiste Netflix e outras merdas burras?   1 2 3 4 5

Qual a sua nota como pessoa que FAZ LOGO ESSA MERDA... disposta a assumir a responsabilidade por VOCÊ e pelo seu resultado

45-50 Você é excelente. Fique aí. Faça mais.

40-44 Você é bom. Esforce-se para chegar no topo.

35-39 Você é razoável. Seja mais determinado.

30-34 Você precisa de um bom chute na bunda e de um plano para vencer.

10-29 Acorde e sinta o cheirinho da oportunidade.

Marque a caixa ☐

Se estiver na faixa 1 em qualquer elemento, marque a caixa ☐ à esquerda da distração ou elemento de adiamento ou procrastinação; esse será o seu plano PERSONALIZADO para melhorar a sua concentração nas realizações e conquistas.

Descoberta: o fator A-HÁ!

'Há desculpas e situações de todo tipo para NÃO fazer logo essa merda, e às vezes basta reconhecer a situação ou desculpa para dar um jeito nela.

As perguntas simples são: O que está segurando você? O que está impedindo que você seja o melhor que pode e produza o melhor que pode?

Acabei de lhe dar a resposta, mas a complexidade permanece. Como saber realmente, como perceber realmente que ocorre na sua vida algo que puxa para trás a sua capacidade de pensar e produzir positivamente?

Preste atenção aqui, porque as próximas palavras podem destravar o bloqueio da produtividade e realmente levar à riqueza.
Pessoalmente, sofri quase três anos na separação de um relacionamento que ficou bem acalorada e envolveu a custódia do nosso filho pequeno. Embora o resultado fosse favorável a mim, a briga me custou produtividade e criatividade indizíveis, e não percebi na época o que estava acontecendo. Soa familiar?

Às vezes a gente não percebe que a produtividade fica completamente bloqueada por acontecimentos negativos da vida.

Vou citar alguns. Marque os que se aplicam a você:

- ❑ **rompimento de relacionamentos**
- ❑ **falta de dinheiro para cumprir as obrigações atuais**
- ❑ **morte de uma pessoa amada**
- ❑ **falência de uma empresa**
- ❑ **problemas de saúde**
- ❑ **preocupação com uma conjuntura**
- ❑ **preocupação com os filhos**

- ❏ medo de fracasso futuro (risco)
- ❏ maus hábitos pessoais
- ❏ pressão no trabalho
- ❏ um chefe de quem você não gosta
- ❏ não conseguir cumprir uma cota

Talvez eu tenha citado o seu, talvez não, mas a questão é que qualquer uma dessas situações ou todas elas são um desafio à sua produtividade, um desafio à sua atitude, um desafio à sua renda e, com certeza, um desafio à sua resiliência.

BOA NOTÍCIA: Para você, a oportunidade, e é uma oportunidade ENORME, é reconhecer essas situações enquanto elas ocorrem e não depois que a tempestade de merda acabou.

A parte boa é que você consegue descobrir a situação se ficar um dia afastado dela. Tire um dia só para você e vá a algum lugar onde possa ficar relativamente sozinho.

Leve um *flipchart* ou algum aparelho eletrônico que lhe permita listar os seus obstáculos ou potenciais obstáculos e depois identificar o que cada um deles faz com você no presente e onde ele estava antes. Depois disso, identifique onde cada um desses elementos precisa ficar e trabalhe a partir daí. Gosto do *flipchart* porque é grande e me dá liberdade de andar em volta. NÃO SE ESQUEÇA de guardar o seu trabalho. Tiro uma foto... e depois digito. Isso me dá a oportunidade de expandir o meu pensamento.

Tudo bem, simplifiquei demais. Mas aposto que você supercomplicou a sua merda toda. Em algum lugar intermediário fica o seu ponto perfeito. Depois de identificar o que puxa você para trás, fica muitíssimo mais fácil criar um plano para avançar.

CUIDADO: A barreira ou bloqueio à produtividade não pode ser superado numa tarde de descoberta. Vai levar tempo. Tempo para pensar. Vai exigir desejo. Vai exigir persistência. Vai exigir um plano. E provavelmente vai exigir a ajuda dos outros ou a eliminação do tempo passado com os outros que atrapalham. Você precisa de tempo para obter clareza.

**Natal em julho.
Faça a sua lista.
Confira duas vezes.
Descubra todas as coisas horríveis que está fazendo e, explicando melhor, liste também as coisas boas que está fazendo. Faça mais as boas, elimine todas as ruins e marche até o banco.**

**Você consegue fazer isso.
E este livro é cheio de dádivas.**

> "Há desculpas e situações de todo tipo para não fazer logo essa merda, e às vezes basta reconhecer a situação ou desculpa para dar um jeito nela."
>
> Jeffrey Gitomer

Fazer ou não fazer... Essa é a INTENÇÃO, o DESEJO, a EVITAÇÃO... e talvez o ARREPENDIMENTO

Tenho dois arrependimentos na vida. Um: convenci minha mãe a não me obrigar a aprender piano. Meu irmão, não. Ele ainda toca diariamente. Eu só posso escutar. O outro é que, em 1963, não fiz o curso de datilografia do ensino médio. Era preciso decorar onde ficavam as teclas, e fiquei intimidado, e de algum jeito consegui "me virar" e não fazer.

Evitar fazer logo essa merda. Burro.
Evitar fazer o que é bom pra gente. Muito burro.
Evitar o que é MELHOR pra gente a longo prazo. O mais burro de todos.

Desde 1984, quando comprei o meu primeiro Mac, digitei bem mais de um milhão de palavras nele a menos de trinta palavras por minuto. Frustrado, costumava ditar para um digitador mais rápido. Salvo pela tecnologia, hoje uso o Dragon Dictate para Mac, e, de fato, criei este documento usando esse software de conversão de voz em texto. E, como escrevo do jeito que falo, essa ferramenta se mostrou a mais impactante da minha carreira de escritor. Com o que você escreve?

A constância da excelência, o desejo de melhorar ou conquistar e a intenção de agir são três segredos para fazer logo essa merda. Não é apenas uma fórmula para escrever, é uma fórmula total de sucesso.

O modo como fiz essas descobertas e as transformei em ações que trouxeram sucesso, realização e riqueza que são o conteúdo deste livro.

Por que as pessoas (VOCÊ) não conseguem fazer logo essa merda?

"ELAS NÃO ENTENDEM A DIFERENÇA ENTRE URGÊNCIA E IMPORTÂNCIA."

Todo mundo diz que "não tem tempo". Isso é besteira. Todo mundo tem a mesma quantidade de tempo, e só depende de como gasta ou investe esse tempo. Quando não está trabalhando no projeto "A" e na lista de prioridades "A" nem preparando algo para os seus clientes "A", você praticamente desperdiça o seu tempo.

O que a maioria faz com o tempo é gastar em vez de investir.

Eles (você) entenderão melhor com o eufemismo "apagar incêndio". Fazem o que é urgente no momento, mas não o que é importante para seu trabalho como pessoas. Quando se faz algo importante (um projeto "A") e algo urgente aparece, você se afasta do seu tempo importante. É imperativo entender a diferença entre urgência e importância.

Alguém entra à toda na sua sala ou liga para você e diz: "Ei, temos de fazer isso agora mesmo!" Isso é urgente. Um cliente telefona: mandamos a mercadoria errada ou ela não chegou a tempo. Perdeu-se num caminhão em algum lugar. Está esgotada, e eles não se programaram para esperar. É urgente.

A maioria das coisas urgentes pode ser prevenida, até mesmo os enfartes.

As coisas importantes constroem o seu eu, a sua carreira, a sua família. São ações que levam você a conquistar as suas metas. São ações de curto prazo com imperativos de longo prazo e resultado positivo.

Você tem de cuidar das coisas urgentes? É claro que tem. Também tem de lidar com ALGUMAS coisas importantes do dia. Geralmente, cumprir prazos e cotas exige ações urgentes que podem ser evitadas com planejamento importante e autodisciplina.

> **O problema da maioria é não conseguir equilibrar o uso do tempo por achar que TEM de resolver pessoalmente cada problema urgente. Grande erro.
> E péssimo uso do tempo.**
>
> *Jeffrey Gitomer*

> **Regra de quanto mais, mais: quanto mais delegar as coisas pequenas, mais tempo você terá para as grandes.**
>
> *Jeffrey Gitomer*

"O que a maioria faz com o tempo é gastar em vez de investir. Grande erro!"

Jeffrey Gitomer

Então, como você programa o seu tempo, Jeffrey?

"NOS NEGÓCIOS, ALOCO O MEU TEMPO COM ESPAÇO PARA A CLAREZA E OPORTUNIDADE PARA O DINHEIRO."
Jeffrey Gitomer

Tento programar o meu tempo para ter o uso completo de cada hora do dia. MAS quero escrever aquela proposta importante durante o meu tempo, quando tenho o benefício do pensamento claro e cheio de energia, em vez de me forçar a escrever no meio da fervura do resto de um "dia normal".

O meu principal objetivo durante o dia é vender e telefonar para vender. E o seu?

Às vezes, saio de onde estou e tento ir a algum lugar solitário. Como exemplo, já me expulsei do meu próprio escritório. Tenho uma mesa no trabalho, mas não uma sala. Trabalho em casa porque isso me dá paz, conforto e sou 1.000% mais produtivo. Os meus livros estão lá, o meu computador está lá, pouquíssimas pessoas sabem o meu telefone. Fico livre para produzir.

NOTA: Se alguém no mundo telefonar, atendo de qualquer modo. Não quero mudar isso, e, para ser justo, decidi que só vou estar no escritório com menos frequência. Não quero mentir e dizer aos outros que não estou lá quando estou. Isso não é correto. Mas queria o meu tempo de volta, por isso fui para casa.

Como as pessoas podem se tornar "gente que faz tudo hoje"?

"PASSE DE PESSOA NOTURNA A PESSOA MATUTINA e, supondo que vá se deitar sóbrio, a sua produtividade dobrará."

Jeffrey Gitomer

Descobri um segredo imenso sobre a minha vida. Se eu perguntar se você é uma pessoa "matutina" ou "noturna", a maioria das pessoas vai achar que é "noturna". E estão erradas. Achei que era uma pessoa noturna durante 43 anos. A gente consegue realizar o máximo pela manhã quando estamos de cara limpa. Quem se acha "noturno" na verdade está dizendo: "eu me destruo à noite e não consigo me levantar de manhã".

Os sintomas são: fazer coisa demais que não é trabalho à noite, ou beber demais à noite, ou comer demais à noite, ou ficar acordado até tarde demais à noite ou assistir à televisão demais à noite.

A resposta é: prepare-se para amanhã hoje à noite, vá se deitar mais cedo e, quando acordar de manhã, faça algum tipo de exercício, mental ou físico. Todo o seu mundo de pensamento e produtividade mudará. O meu mudou.

Há um segredo no segredo de fazer logo essa merda.

Antes de ir dormir, não se esqueça de deixar a cabeça "limpa para resolver": escreva tudo o que precisa fazer e tudo em que estiver pensando. Uma lista de afazeres para o dia seguinte e uma lista de afazeres para o mês que vem. Uma lista de projetos e uma página de ideias. Só escreva tudo. Quando você escreve, a coisa "sai da cabeça", e a cabeça fica livre para resolver. Isso lhe permite acordar com soluções em vez de acordar pensando nos problemas.

"As metas e as intenções estão ligadas. As intenções realmente precedem o estabelecimento de metas. Se lhe faltar intenção, não é provável que você atinja a meta que estabeleceu."

Jeffrey Gitomer

O SEU TESTE DE REALIZAÇÃO
Você é um realizador? Classifique-se

(1=nunca, 2=raramente, 3=às vezes, 4=frequentemente, 5=sempre)

- ☐ Amo o que faço. **1 2 3 4 5**
- ☐ Procuro soluções, não problemas. **1 2 3 4 5**
- ☐ Não ponho a culpa nos outros. **1 2 3 4 5**
- ☐ Sempre dou continuidade ao que começo. **1 2 3 4 5**
- ☐ Eu me orgulho do meu trabalho. **1 2 3 4 5**
- ☐ Termino o que começo. **1 2 3 4 5**
- ☐ Não uso atalhos. **1 2 3 4 5**
- ☐ Preparo o meu dia na noite anterior. **1 2 3 4 5**
- ☐ Anoto as coisas para garantir. **1 2 3 4 5**
- ☐ Dou continuidade às coisas. **1 2 3 4 5**
- ☐ Dou continuidade por escrito. **1 2 3 4 5**
- ☐ Sempre cumpro as minhas promessas e compromissos. **1 2 3 4 5**
- ☐ Sempre apoio os colegas de trabalho. **1 2 3 4 5**
- ☐ Cumpro as tarefas no prazo. **1 2 3 4 5**
- ☐ Aceito de bom grado tarefas e responsabilidades. **1 2 3 4 5**
- ☐ Faço perguntas para ter certeza de que entendi. **1 2 3 4 5**

☐ Sou responsável pelas minhas ações. **1 2 3 4 5**

☐ Admito os meus erros. **1 2 3 4 5**

☐ Sempre faço o que digo que vou fazer. **1 2 3 4 5**

☐ Ajo em "doses diárias" rumo ao meu sucesso. **1 2 3 4 5**

Como você se classifica como pessoa responsável... disposta a assumir o que faz

79-95 Você é excelente. Fique aí.

61-78 Você é bom; esforce-se mais.

47-60 Você é razoável; adote a dose diária.

33-46 Você precisa de um bom chute na bunda.

19-32 Pode se chamar de irresponsável.

Marque a caixa ☐

Se estiver na faixa 1-2-3 em qualquer elemento, marque a caixa ☐ à esquerda da distração ou elemento de adiamento ou procrastinação; esse será o seu plano PERSONALIZADO para melhorar a sua concentração nas realizações e conquistas.

"Os maiores inimigos da realização são medo, dúvida e vacilação."

Orison Swett Marden

Do livro

He Can Who Thinks He Can, 1908

P*NSE

Por que você não cumpre as metas que estabelece?

Tem metas?

Milhões de palavras foram escritas sobre metas. Escrevi milhares delas. Noventa e nove por cento das palavras se concentram em "como" estabelecer e atingir as metas, de um jeito ou de outro. Livros, artigos, vídeos, seminários, cursos pela internet e, é claro, aprendizado em salas de aula.

Todo mundo estabelece metas. Algumas pessoas as criam por conta própria, outras as recebem de alguém (metas de venda, planos de venda, cotas de venda). Alguns fazem planos elaborados para cumprir as metas, outros as escrevem na agenda, outros ainda só cortam uma foto de revista que mostra algo que gostariam de ter mas não têm (carro, barco, casa, férias).

Eu? Eu ponho as minhas metas no espelho do banheiro. Bem à vista.

Muitos líderes de seminários e palestrantes motivacionais ultrapassados afirmam: "menos de 4% das pessoas estabelecem metas". Bobagem.

Todo mundo tem uma ou muitas metas. Se quiser uma categoria que se encaixe naqueles 4%, serão as pessoas que realmente cumprem as metas que estabelecem.

Já criou uma meta que não conseguiu cumprir?
Já parou no meio de uma meta?
Já voltou ao comportamento antigo?
Já descumpriu as metas de venda?
É claro que sim. Todo mundo já.
Quer saber por quê?

As metas e as intenções estão ligadas. Na verdade, as intenções precedem o estabelecimento de metas. Se lhe faltar intenção, é provável que você não atinja a meta que estabeleceu. Que conceito simples e poderoso. E como é verdadeiro.

Metas ou intenções: qual é mais poderoso? Quais são as suas intenções? O que você tem a intenção de fazer? E o resto das ações para cumprir a meta se seguirão.

Você pode ter uma meta ou podem ter lhe dado uma meta, mas as suas intenções ditarão o resultado do esforço (ou a sua falta).

O que você tem a intenção de fazer? É isso que será feito!

Jeffrey Gitomer

"Em poucas palavras, o que você tem a intenção de fazer é o que realmente faz. Seja qual for a meta, o que importa é a sua intenção."

Jeffrey Gitomer

Pense nessas perguntas:

- O que você quer fazer?
- O que você precisa fazer?
- O que você tem de fazer?
- O que você ama fazer?
- Quanto você ama o que faz?
- Você não gosta do que faz?

Agora você consegue responder melhor o que *tem a intenção* de fazer?

O que você tem a intenção de fazer são os pensamentos atrás das suas ações. As intenções são a justificativa atrás das suas palavras e atos. Se tiver a intenção de manipular, as suas palavras e atos assim serão. Se as suas intenções forem puras, as suas palavras e atos assim serão. Se tem a intenção de cumprir as suas metas ou uma meta específica, as suas palavras e atos assim serão.

Acredito que amor e intenção estão ligados de forma mais apaixonada do que medo e intenção, ganância e intenção. Há uma velha frase que diz: "De boas intenções, o inferno está cheio". Eu me pergunto se isso é verdade. Pessoalmente, acredito no contrário.

Há tipos de intenção. As mais fáceis de definir são as "boas" e "más". Ter a intenção de fazer a coisa certa ou de fazer a coisa errada. Às vezes, a sua intenção de fazer a coisa errada se justifica pelo modo como se sente. Você acredita que alguém "merece" o que está prestes a fazer. Acredito que é a intenção do "inferno".

Seja qual for a sua intenção, ela é a base das suas ações, o alicerce para atingir as suas metas, a manifestação dos seus desejos e, em última análise, a realização dos seus sonhos.

Talvez você precise escrever as suas intenções ANTES de escrever as suas metas. Comece cada frase com "Tenho a intenção de..." ou, mais ousado ainda, "Até o fim da semana, tenho a intenção de..." Dar prazo às suas intenções as torna muito mais reais.

Um jeito fácil de deixar claras as suas intenções é classificá-las. Organize as categorias e depois escreva as palavras que as definem. Palavras únicas para categorias, frases para definir as intenções.

As categorias podem ser pessoal, carreira, emprego, estudo, leitura, negócios, vida, família, dinheiro, diversão, viagem e paixão. Essa é a ideia.

Depois, escreva o que tem a intenção de fazer e até quando. "Até essa data, tenho a intenção de..." Períodos curtos são melhores: este ano, este mês, esta semana, este dia, este minuto.

Use as categorias como títulos de coluna e faça uma planilha.

O que você tem a intenção de fazer? É isso que será feito!

Tenho a intenção de escrever mais dez livros até 2030.

E você?

Por que tenho CERTEZA de que escreverei mais dez livros nos próximos dez anos? É simples:

EU AMO ESCREVER. Tenho o desejo ardente e a crença profunda de que o meu trabalho é aceito e faz parte de um legado de longo prazo.

Reserve uma hora para ir ao seu retiro de autodescoberta e identificar o que você REALMENTE ama e quer fazer (ou gostaria de estar fazendo).

Faça um plano para chegar lá.

Que PODERES você REALMENTE promove?

Pouca gente entende o que estou prestes a lhe dizer. E isso é bom. Depois de entender o seu próprio poder pessoal, o resto é apenas uma questão de tempo e muito trabalho.

Napoleon Hill e, tenho certeza, outros também identificaram o impulso sexual como o mais dominante do nosso corpo. Vou lhe dar uma variação dele para você chegar à compreensão pessoal do que pode impulsionar a sua produtividade.

Envolve a palavra "amor". E, antes de avançarmos, por favor, tire a sua mente da sarjeta. Não é amor pelo sexo, é amor a SI, seguido do amor pelo que você faz. Se você não se ama e não ama o que faz, a sua produtividade ficará aí entre medíocre e patética.

Numa situação em que, obviamente, você não está produzindo no nível que acredita ser o seu máximo ou o seu melhor, é preciso voltar atrás e se fazer esta pergunta simples: "Amo isso?" Porque, se não amar, além da sua produtividade, toda a sua fisiologia sofrerá. É simples assim.

VOCÊ TEM DE AMAR O QUE FAZ.

Jeffrey Gitomer

"Se alguém é tão pouco apegado à sua ocupação que é fácil induzi-lo a abrir mão dela, pode-se ter certeza de que essa pessoa não está no lugar certo."

Orison Swett Marden
Do livro
He Can Who Thinks He Can, 1908

BOMBAS-
-R*LÓGIO

O uso de merda que você dá ao tempo...

Eis as razões principais de interrupções que levam à falta de produtividade — até que ponto você é vítima de...

As GRANDES 11,5 Distrações

❏ **1. NOTIFICAÇÕES DEMAIS.** O seu celular mais tilinta do que toca. Cancele-as.

❏ **2. GENTE IRRELEVANTE.** Interrupções pessoais que desperdiçam tempo e o desviam de fazer logo a SUA merda.

❏ **3. TELEFONEMAS e MENSAGENS QUE VOCÊ PODE EVITAR.** Telefonemas e mensagens que chegam e não são urgentes nem importantes.

❏ **4. REUNIÕES.** Imponha limites a reuniões adiáveis ou sem importância.

❏ **5. BEBER PARA AMORTECER A VIDA.** Cerveja, vinho, cachaça. Três destruidores da produtividade.

❏ **6. TV, NETFLIX, HULU.** Horas demais de bobajada que amortece a mente. Faça a si mesmo a pergunta de um milhão de dólares: "Assistir a esse programa vai DOBRAR a minha renda?" Se não dobrar, é melhor investir o seu tempo em algo que dobre.

❏ **7. VÍCIO.** A necessidade urgente de (qualquer coisa, de cigarro a álcool, das drogas à comida) que faz parar de pensar.

❏ **8. DESVIOS DE TEMPO NÃO PRIORITÁRIOS.** Não prioridades que você acha que são prioridades (festas, desperdício social de tempo, bares, jogos de bola, compras, reações nas mídias sociais).

❏ **9. DISTRAÇÕES DA META.** Atividade secundária. Prazeres noturnos que desperdiçam tempo. Envolvimento político.

❏ **10. O FATOR MOSQUITO.** A sua capacidade de atenção ou a falta dela.

❏ **11. O FATOR MARIPOSA NA LÂMPADA.** Você se distrai facilmente com coisas que parecem mais interessantes do que o que está fazendo. A grama sempre parece mais verde, mas raramente é.

❏ **11.5 O DRAMA DOS OUTROS.** Prestar atenção demais à merda dos outros e atenção insuficiente à sua.

> Se quiser fazer logo essa merda, PRIMEIRO você tem de resolver as suas merdas.
>
> *Jeffrey Gitomer*

Classifique as suas distrações mentais e físicas...

Dê a nota de 1 a 5. Não basta ler a lista... contorne um número, conte os pontos e classifique a sua própria realidade.
1. Leve, quase nunca, raramente
2. Médio, às vezes — duas ou três vezes por semana
3. Todo dia, pelo menos uma vez por dia
4. Grave: todo dia, várias vezes por dia
5. Excessiva: a cada hora ou duas, dez minutos de cada vez (também chamado de cigarro)

- ❏ Não gosta do que faz   1 2 3 4 5
- ❏ Falta de crença no que faz   1 2 3 4 5
- ❏ Falta de crença no resultado   1 2 3 4 5
- ❏ Não gosta de alguém   1 2 3 4 5
- ❏ Não gosta da empresa em que trabalha   1 2 3 4 5
- ❏ Se sente mal pago   1 2 3 4 5
- ❏ Falta de desafio   1 2 3 4 5
- ❏ Falta de visão para ver a recompensa   1 2 3 4 5
- ❏ Falta de visão para ver o sucesso   1 2 3 4 5
- ❏ Falta de desejo de conseguir   1 2 3 4 5
- ❏ Não sabe como fazer   1 2 3 4 5
- ❏ Não tem plano   1 2 3 4 5
- ❏ Relutância com base na falta de preparo   1 2 3 4 5
- ❏ Distrai-se facilmente com interrupções   1 2 3 4 5
- ❏ Tempo demais no mesmo emprego   1 2 3 4 5
- ❏ Atitude negativa perante a empresa   1 2 3 4 5

- ☐ Atitude negativa perante os colegas de trabalho   **1 2 3 4 5**
- ☐ Atitude negativa perante a situação no emprego   **1 2 3 4 5**
- ☐ Infeliz na vida   **1 2 3 4 5**
- ☐ Está preso à rotina   **1 2 3 4 5**
- ☐ Deprimido   **1 2 3 4 5**
- ☐ Magoado emocionalmente   **1 2 3 4 5**
- ☐ Angustiado emocionalmente   **1 2 3 4 5**
- ☐ Doença   **1 2 3 4 5**
- ☐ Rompimento conjugal   **1 2 3 4 5**
- ☐ Drogas – bebida – cigarro   **1 2 3 4 5**
- ☐ Relacionamento rompido   **1 2 3 4 5**
- ☐ Morte de uma pessoa amada   **1 2 3 4 5**
- ☐ Falta de dinheiro   **1 2 3 4 5**
- ☐ Preguiçoso, sem ímpeto   **1 2 3 4 5**
- ☐ Discordância política   **1 2 3 4 5**
- ☐ Rejeição demais   **1 2 3 4 5**
- ☐ Medo de rejeição   **1 2 3 4 5**
- ☐ Autoimagem ruim   **1 2 3 4 5**
- ☐ Baixa autoestima   **1 2 3 4 5**
- ☐ Medo de errar   **1 2 3 4 5**
- ☐ Você pode se meter em encrencas   **1 2 3 4 5**
- ☐ Sentimento de inadequação   **1 2 3 4 5**
- ☐ Com raiva da situação pessoal   **1 2 3 4 5**
- ☐ Só com raiva   **1 2 3 4 5**
- ☐ Viciado em mídias sociais   **1 2 3 4 5**
- ☐ Mensagens pessoais demais   **1 2 3 4 5**
- ☐ Desperdiça tempo bebendo e indo a festas   **1 2 3 4 5**

☐ Desperdiça tempo assistindo à TV   1 2 3 4 5
☐ Desperdiça tempo nas mídias sociais   1 2 3 4 5
☐ Desperdiça tempo com o drama dos outros   1 2 3 4 5
☐ Desperdiça tempo com joguinhos no celular 1 2 3 4 5
☐ Desperdiça tempo usando drogas   1 2 3 4 5
☐ Procrastinação — pode esperar até amanhã 1 2 3 4 5

- O valor do LEVE: Isso lhe mostra que você tem um caminho para o sucesso concentrado
- A cautela do MÉDIO: o caminho do sucesso é visível. Você tem de aplicar a disciplina concentrada.
- As consequências do TODO DIA: baixa produtividade, criatividade com defeito, pouca concentração, baixa geração de ideias. O vício tira o foco e a criatividade.
- As repercussões do GRAVE: Maus hábitos de trabalho, obviamente falidos. As pessoas têm dificuldade em "encontrar você".
- A sentença de morte do EXCESSIVO: provavelmente está na hora de pedir demissão ou tirar uma licença e procurar algum tipo de reabilitação. Três palavras: Procure Auxílio Profissional.

Marque a caixa ☐

Se estiver na faixa 3-4-5 em qualquer elemento, marque a caixa ☐ à esquerda da distração ou elemento de adiamento ou procrastinação; esse será o seu plano PERSONALIZADO para melhorar a sua concentração nas realizações e conquistas.

"PERGUNTE-SE... Assistir a isso ou Fazer isso ou Beber isso me ajuda a DOBRAR A MINHA RENDA? Se não ajudar, talvez haja um jeito melhor."

Jeffrey Gitomer

"Cada um de vocês tem um sonho do que gostaria de se tornar, de quem gostaria de se tornar e do que quer conquistar. A realidade é que, sem a habilidade de agir, esses sonhos e pensamentos ficam presos dentro da cabeça. São os chamados sonhos impossíveis."

Jeffrey Gitomer

CONQUIST*

Se é para estabelecer uma "meta", faça do jeito certo

Como selecionar, estabelecer e atingir a(s) sua(s) meta(s)

1. **Identifique** – Escreva-a com clareza.
2. **Date** – Marque uma data (e um prazo-limite) para começar e terminar.
3. **Liste os obstáculos** que terá de superar para atingi-la.
4. **Liste o contato de grupos e pessoas** que trabalharão com você e ajudarão a atingi-la.
5. **Quais são as habilidades e os conhecimentos** de que você precisa para atingir a sua meta?
6. Faça (e escreva) um **plano de ação**.
7. **Liste os benefícios da conquista.** O que tenho a ganhar quando atingir essa meta? Qual é o meu incentivo? Qual é o resultado?

Cabe a você...

✓ **Perguntar-se:** Por que quero isso? Estou disposto a trabalhar com afinco?

✓ **Fazer-se:** Escolha duas metas grandes e várias pequenas.

✓ **Visualizar-se:** Escreva as suas metas e ponha onde possa vê-las todo dia. Diga a si mesmo diariamente que está no caminho da conquista e que agora não vai demorar.

✓ **Pendurar-se:** Se a sua meta for algo que você quer ou quer fazer (carro, computador, férias, emagrecer, roupas novas), pendure uma foto da meta no banheiro, no quarto ou junto à escrivaninha para vê-la todo dia.

✓ **Atirar-se:** Se o seu alvo estiver à sua frente, fica mais fácil atingi-lo. Ser capaz de atingir o alvo depende da sua concentração. Quanto mais claro o foco, mais provável que você acerte na mosca.

✓ **Dedicar-se:** Se você não se dedicar emocional, física, mental e espiritualmente a conquistar, é provável que não conquiste.

✓
Satisfazer-se

Conquistar uma meta é incrivelmente satisfatório por si só. Dá uma sensação de realização, propósito e inspiração para estabelecer e atingir a próxima meta.

Jeffrey Gitomer

"Se você não se dedicar emocional, física, mental e espiritualmente a conquistar, é provável que não conquiste."

Jeffrey Gitomer

Para cumprir as suas metas, é preciso fazer o seguinte...

✓ Assuma consigo o compromisso pessoal de fazer o que for necessário para cumprir as suas metas.
✓ Decida que metas especificamente você quer cumprir.
✓ Seja implacável. Não desista na busca da sua conquista.
✓ Faça um pouco rumo à meta todos os dias.
✓ Escreva o tanto (ou quanto) você tem de fazer todo dia para atingi-la.
✓ Aproveite o seu poder pessoal. Autodisciplina e foco na sua dedicação.
✓ Aliste o auxílio de outros que o apoiem.

Meta de abandonar (cigarro, bebida, comida) – Conte a todo mundo e busque o apoio de quem você conhece (família, amigos, colegas de trabalho).

Meta de subir (melhorar no emprego, o melhor vendedor) – Conte à família.

Meta de conseguir (outros na sua equipe, chefe, presidente executivo)

Meta de ir (férias, viagem)

Meta de se aprimorar (ler, fazer um curso)

✓ Você precisa obter o apoio dos outros para cumprir as suas metas.
✓ É fácil conseguir apoio; basta dar apoio.
✓ Não seja vulnerável à influência negativa dos outros.
✓ Trabalhe em duas metas suas todo dia, mesmo que só por pouco tempo.
✓ Visualize-se dando os passos necessários para cumprir a sua meta.
✓ Visualize-se realmente cumprindo a sua meta.

"Não deixe os outros lhe dizerem ... 'Você não consegue'. Diga-lhes que conseguirá e peça o seu apoio!"

Jeffrey Gitomer

Ponha as suas metas bem na sua cara

Qual é a melhor maneira de cumprir as suas metas?

Metas em Post-it®!

- As metas são o mapa do sucesso. Todo mundo sabe disso, mas menos de 5% da nossa sociedade cumpre as metas estabelecidas.

- As metas estão ligadas a tudo o que nos esforçamos para conquistar, da lista de afazeres cotidianos a ter mais seguidores no Twitter, a pôr em prática o seu plano de vendas, a ganhar um milhão de dólares.

- Estabelecer e cumprir metas é uma ciência e autodisciplina que precisa ser praticada todo dia. *Como você estabelece e cumpre as suas metas?*

A MINHA IDEIA: Um bloquinho de Post-it® pode pôr você no caminho de conquistas maiores!

Siga a fórmula...

1. Escreva as metas grandes – Num Post-it® amarelo grande, escreva, em poucas palavras e com letras grossas, as suas três metas principais (financiamento de 250.000 dólares para a empresa; carro novo – Tesla; novo cliente – Apple)

2. Escreva as pequenas – Escreva três metas secundárias em poucas palavras e com legras grossas (ler Dale Carnegie; organizar a mesa; construir um *closet* novo)

3. Cole os papeizinhos no ESPELHO DO BANHEIRO, onde você possa vê-los duas vezes por dia – Você será forçado a olhá-los toda manhã e toda noite.

4. Fique olhando e lendo até agir – Você vai olhar as metas duas vezes todos os dias. Vai ler em voz alta duas vezes por dia. Vai olhar e ler até enjoar de olhar e ler... e então começará a realizá-las. Ao pôr a meta no banheiro, você é conscientemente lembrado das suas metas várias vezes por dia. A partir daí, o seu subconsciente entra em ação. Persiga a sua alma interior até ser impelido a realizar ações positivas. Ações para avançar. E, finalmente, conquiste-as.

Finalmente você pode dizer — gritar — a palavra mágica... **Consegui!**

(Gritar coisas positivas é sempre maravilhoso.)

4.5 Comece o dia olhando o seu sucesso – Depois de cumprir a sua meta, tire-a do espelho do banheiro e, triunfante, cole-a no espelho do quarto, onde possa ver o seu sucesso toda vez que se olhar nesse espelho. Além de dar uma sensação ótima, você dará o tom de sucesso ao seu dia todos os dias, bem de manhãzinha. Além disso, vai se motivar para continuar conquistando mais.

O programa é simples. O programa funciona. O resultado mudará a sua atitude.

O resultado mudará o modo como você vê a sua capacidade de conquistar o sucesso.

O resultado mudará a sua vida.

Incentivo você a experimentar esse processo por um ano inteiro. No começo, use mais metas pequenas do que grandes, para ver conquistas imediatas e obter gratificação imediata. Post-it. Imediatamente.

Espero que você perceba a conquista total das suas metas.

Metas são sonhos com um plano e outros contos de fadas.

A minha mãe nunca foi à Europa.

Ela falava disso, sonhava com isso... com 55 anos, chegou a abrir uma agência de viagens. Nunca foi lá. Morreu quinze anos depois sem cumprir essa meta. Ah, ela cumpriu muitas outras metas. Mas não essa.

Fui à Europa pela primeira vez com 20 anos. Uma das coisas que queria fazer lá era estudar francês. É uma língua linda. Romântica, expressiva, cultural. Nunca aprendi. Tentei, nunca consegui. Fui à Europa trinta vezes, à França, vinte. Nunca aprendi a língua. Ah, sei algumas centenas de palavras, consigo ir ao banheiro, mas não converso nem entendo conversas.

Metas não cumpridas.

Tem metas não cumpridas?

Vá fazer logo a merda da meta.

Acha que não consegue fazer logo essa merda?

As metas pessoais começam como pensamentos e sonhos. As metas profissionais podem ter esses atributos, mas em geral lhe são dadas por um superior. Metas de venda, planos de venda, números de venda, *pipelines*, funis e vários marcos para você atingir para ELES.

Então você transforma em meta cumprir aquela meta. E muitos vendedores cumprem. Mas muitos (a maioria) não cumprem. A gerência vai chamar os que não cumpriram a meta de "fracos". Desse jeito, os chefes não precisam assumir a culpa nem a responsabilidade pelo seu pessoal "fraco".

Enquanto isso, você tem as suas metas. Sejam elas quais forem – visitar a Europa, falar francês, sair de férias, comprar uma casa, conseguir um carro novo, emagrecer, parar de fumar, se casar, se divorciar, ter filhos, fazer o seu filho sair de casa –, você tem as suas metas PESSOAIS.

No banheiro, hoje de manhã, me veio uma ideia de POR QUE as metas são cumpridas ou não. Atingidas ou não. Gira em torno da antiga definição de meta que sempre me incomodou: "Metas são sonhos com um plano".

Essa afirmativa, além de errada, é perigosa. Ela lhe diz que você nunca atingirá a sua meta se não fizer um plano. Não entendo. Faço pouquíssimos planos e atinjo toneladas de metas.

Há muitas metas que não são "sonhos". Você sonhou com a sua cota de vendas? Não, lhe mandaram um e-mail ou lhe deram uma folha de papel. Não há nenhum sonho aí. A minha primeira viagem à Europa nunca foi um sonho. Foi uma oportunidade que apareceu e aproveitei. Sem sonho, sem plano; só uma passagem de avião, um passaporte e algum dinheiro.

Eis os elementos que acredito que definem e abrangem o processo de sonho, meta e conquista:

Pensar. As ideias surgem na cabeça. Escreva-as.

Sonhar e devanear. Os pensamentos fazem (deixam) a sua mente perambular até o desejo, a possibilidade e o "e se". Adoro devanear. Não confunda devaneios com sonhos impossíveis. Você nunca vai ganhar na loteria.

Observar. Olhe atentamente o mundo e o seu mundo para ver o que você realmente quer ser, fazer e ter. Para ter ideias. Para se inspirar. Para aprender.

Oportunidade. Reconheça-a. Agarre-a. E aproveite-a.

A tolerância ao risco determina o resultado. Se achar que a meta é "arriscada" demais, você vai deixar pra lá. Se quiser conquistar, é preciso arriscar.

Poderia, teria, deveria. As palavras de quem não se dispõe a arriscar. "Eu poderia estar na briga, poderia ter classe e ser alguém." (Marlon Brando no papel de Terry Mallon em *Sindicato de ladrões*, 1954.)

Desejo. O seu nível de desejo vai determinar o tempo até a conquista.

Querer. Quer muito? Como o desejo, o nível de "querer" vai determinar o tempo até a conquista.

Necessidade. A necessidade é uma circunstância mais forte do que o desejo ou o querer. A realidade da sua necessidade gerará o seu nível de ação para a conquista.

Intenção. As intenções PRECEDEM as ações. Se não tiver intenção, você não conquistará, mesmo que queira. Quais são as suas intenções?

Dedicação. Se for uma meta profissional, você terá de dedicar tempo a estudar e se preparar. Se for uma meta pessoal, você terá de dedicar pequenos períodos constantes para conquistá-la.

Persistência. Irmã da dedicação, é a teimosia que empurra você rumo à conquista.

Ação do dia ou do momento. Os planos mudam, as ações são AGORA. Aja. Uma maçã por dia.

Habilidades. Talvez as suas habilidades impeçam a conquista. Talvez você precise estudar, treinar ou pedir ajuda aos outros.

Ame o que faz ou o que é. Amor gera paixão. Paixão gera ação. Ação gera conquista.

Para (por) quem? Por quê? Se você tiver um motivo, ele pode ser uma motivação a mais. Não seja mártir. Em primeiro lugar, faça por você. Entenda que, tanto quanto os outros aspectos desse processo, "para (por) quem" e "por quê" o ajudarão a conquistar.

Acredite em si em todos os aspectos do processo. Você tem de acreditar em si ANTES de acreditar na conquista das suas metas. Pense que consegue.

Missão. Se for diferente da sua missão, a sua meta não terá a paixão necessária para se tornar realidade.

Visibilidade. Ponha onde puder ver. Mantenha as suas metas diante da mente — diante dos olhos da mente. Ponho as minhas metas no espelho do banheiro. E você?

Apoio e incentivo. Quando os outros nos animam e incentivam a conseguir, acontece um milagre mental.

Free GitBit... Há várias coisas "produtivas" que você pode fazer DURANTE o dia. Compilei uma lista para produzir mais no decorrer do dia. Quer a lista? Visite www.gitomer.com e clique em GitBit. Inscreva-se (se for a sua primeira vez) e digite a senha secreta "PRODUCE".

Responda a esta pergunta:

A maior razão para eu não ter realizado o meu sonho é...

> "Sim!
> Uma alternativa maravilhosa ao não."
> Jeffrey Gitomer

R*SPOSTAS

Fazer logo essa merda começa com o "P" de VOCÊ

A sua responsabilidade de fazer logo essa merda

Você POSITIVO
- Feliz com a vida • Autoconfiante • Amistoso
- Coerente • Generoso

Você PROFISSIONAL
- Parece inteligente • Age com boa educação • Seguro de si • Positivo

Você PESSOAL
- Autoinstrução com papai, mamãe, cônjuge, amigos
- Autoinstrução por ler, escrever, assistir, frequentar, criar, preparar
- Você autoconfiante • Você feliz • Você saudável
- Você entusiasmado • Você sincero

Você PRODUTIVO
- Sabe as prioridades • Aloca o tempo
- Foco SEM distrações

Você PERSISTENTE
- Fica com a pessoa até ela concordar
- Adota o processo de acompanhamento com VALOR

Você PERSEVERANTE
- Fica no projeto até o fim
- Fica com a meta até o cumprimento

Você PACIENTE
- Tem um plano e o segue
- Acompanha E dá continuidade
- Voltado para o relacionamento, não só para a venda

Você LUCRATIVO
- Oferece valor que supera o preço
- Tem reputação social • Tem influência social

Você PRÓSPERO
- Mantém as aparências, mas não é nojento
- Mantém a humildade • Escolhe a filantropia
- Não desperdiça dinheiro nem saúde

Você Post-It®
- Por colar as metas no espelho do banheiro, tem SEMPRE na cabeça as suas metas e projetos mais importantes.

Justificativas para a procrastinação

Você PROCRASTINADOR
- Posso fazer depois • Distrações • Más escolhas
- Influências sociais • Pressão dos colegas

Você PESSIMISTA
- Autoimagem limitada • Crença limitada em si
- Ambiente negativo • Escolhas negativas

Você IRRITADO
- Reclama das circunstâncias
- Reclama do emprego/da empresa
- Reclama da família
- Zangado com alguém • Zangado no trabalho
- Zangado com a família • Zangado com o mundo

GRANDES respostas:
"O oposto de Responsabilidade é... CULPA"
Jeffrey Gitomer

> "**Assumir a responsabilidade leva a fazer logo essa merda!**"
>
> Jeffrey Gitomer

> "**A responsabilidade não é dada… é tomada!**"
>
> Jeffrey Gitomer

Querer assumir a posição de proprietário significa que você determinou se vai comprar ou alugar.

Se eu lhe pedir que maltrate um carro, você tem várias reações... Não, esse carro é do meu amigo. Ei, o carro é meu. Vá em frente, é só alugado.

(Olha, me dê um descanso moral. Isso é só um exemplo. Muita gente adota a posição responsável de que o carro alugado pertence a alguém e vai tratá-lo como trataria um carro próprio.)

Como povo, tendemos a maltratar o que alugamos... e a cuidar do que possuímos.

Com certeza você não se orgulha do que aluga... mas sim do que é seu.

Está assumindo a posição de propriedade/patrimônio... ou só pagando aluguel?

Caso não tenha agora uma posição de patrimônio real, você precisa agir como se tivesse... senão nunca terá.

Jeffrey Gitomer

A maioria evita a responsabilidade e não assume a posse.

As pessoas rejeitam ou não querem lidar com reclamações nem problemas porque...

- ☐ não têm segurança em si
- ☐ não têm certeza da sua capacidade de resolver o problema
- ☐ têm medo de se meter em encrencas
- ☐ têm medo de ficar mal na fita
- ☐ têm medo que achem que a culpa foi delas
- ☐ têm medo que o chefe grite com elas
- ☐ têm medo do que vai ficar na ficha
- ☐ têm medo de perder o emprego
- ☐ não querem a trabalheira
- ☐ não gostam ou têm medo de conflitos
- ☐ não acham que a tarefa seja delas
- ☐ não têm motivação
- ☐ poderiam ser processadas
- ☐ sabem que não podem consertar
- ☐ (acrescente a sua)...
- ☐ (acrescente a sua)...

(Psiu... eis o segredo)

"Responsabilidade e posse começam com a atitude correta!"

Jeffrey Gitomer

Até que ponto você é responsável?

Classifique-se

(1=nunca, 2=raramente, 3=às vezes, 4=frequentemente, 5=sempre)

- ☐ Eu me orgulho do meu trabalho. — 1 2 3 4 5
- ☐ Termino o que começo. — 1 2 3 4 5
- ☐ Não passo a batata quente adiante. — 1 2 3 4 5
- ☐ Nunca me atraso para os compromissos. — 1 2 3 4 5
- ☐ Procuro soluções, não problemas. — 1 2 3 4 5
- ☐ Não ponho a culpa nos outros. — 1 2 3 4 5
- ☐ Sempre dou continuidade ao que começo. — 1 2 3 4 5
- ☐ Ofereço soluções, não reforço problemas. — 1 2 3 4 5
- ☐ Anoto tudo para ter certeza de dar continuidade. — 1 2 3 4 5
- ☐ Dou continuidade por escrito. — 1 2 3 4 5
- ☐ Sempre cumpro as minhas promessas e compromissos. — 1 2 3 4 5
- ☐ Sempre apoio os colegas de trabalho. — 1 2 3 4 5
- ☐ Cumpro as tarefas no prazo. — 1 2 3 4 5
- ☐ Aceito de bom grado tarefas e responsabilidades. — 1 2 3 4 5
- ☐ Faço perguntas para ter certeza de que entendi. — 1 2 3 4 5
- ☐ Sou responsável pelas minhas ações. — 1 2 3 4 5
- ☐ Admito os meus erros. — 1 2 3 4 5
- ☐ Sempre faço o que digo que vou fazer. — 1 2 3 4 5
- ☐ Lido com reclamações/problemas no mesmo dia. — 1 2 3 4 5

Como você se classifica como pessoa responsável... disposta a assumir o que faz

79-95 Você é excelente.

61-78 Você é bom   **47-60** Você é razoável

33-46 Você precisa de treinamento   **19-32** Pode se chamar de irresponsável

Bom, melhor, melhor de todos. Qual deles é você?

Depois de assumir a responsabilidade pelas suas ações e pelo que faz para conquistar, você é o melhor no que faz?

Todo mundo quer sucesso, mas pouquíssimos conquistam o sucesso com que sonham. Estou na minha jornada, igualzinho a você. No processo de estudar, vim a perceber uma coisa sobre conquistas pessoais.

> "Correr atrás do ouro" está errado. Ser o melhor que conseguir para ganhar o ouro ou chegar ao ouro é um caminho mais seguro para o sucesso. Em que caminho você está?
>
> *Jeffrey Gitomer*

Conquistas pessoais. Sucesso. Realização. Palavras grandes que todo mundo busca. "Chegue lá estabelecendo metas", dizem. "Está errado", digo.

Agora, *não* estou dizendo para não estabelecer metas. *Estou* dizendo: não estabeleça metas grandes e ache que elas são o caminho direto para as conquistas pessoais, a realização ou o sucesso. Não são.

Descobri que a maioria estabelece as suas metas pelas coisas e razões erradas. O problema das "grandes metas" é que, geralmente, elas são "grandes sonhos". E, para complicar ainda mais o processo das metas, a maioria delas é sobre "aquilo" ou "coisas" (coisas materiais, como casa grande, longas férias, milhão de dólares, carro de luxo, o de sempre), e não sobre "você" (conquistas pessoais, como diploma universitário, promoção, boa forma física).

A maioria que tem grandes metas materiais acaba com baixo nível de conquista, pouca autoestima, frustração e ceticismo — ou simplesmente ficam complacentes e aceitam que o seu destino é medíocre. Por quê? E, mais a propósito: como assegurar que isso não aconteça com você?

Vou lhe contar uma fórmula (secreta) de conquista pessoal que descobri por acaso. Descobrir a fórmula foi um acaso, mas há pouquíssimas pessoas que se sentem realizadas por acaso. Sucesso, conquista e realização são de propósito. Os princípios que as pessoas de sucesso seguem e executam são a base (alicerce) do seu sucesso. Vou apresentar os elementos que descobri para que você possa compará-los aos que pratica na sua jornada.

Por que algumas pessoas são capazes de atingir as suas metas e outras, não? Grande pergunta. Há alguma fórmula a seguir? Não posso lhe dizer que vá funcionar com certeza; não há nenhuma lei universal da conquista, nenhuma lei universal do sucesso. Se houvesse, todo mundo seria bem-sucedido.

Para mim, é mais interessante que as pessoas que têm "muito dinheiro" como meta suprema raramente a atingem. - E os que têm "ser o melhor no que fazem" ou "amar o que fazem" quase sempre obtêm segurança financeira. Por quê? Porque eles põem em prática os *elementos* da conquista pessoal.

Há elementos de sucesso e graus de conquista do sucesso, temperados e limitados pelo desejo, determinação, dedicação e ímpeto do indivíduo. É uma combinação da sua persistência (nunca desista) com a sua atitude positiva (conseguirei porque acredito nisso e mereço).

Jeffrey Gitomer

Outro dia, numa entrevista no rádio, alguém me perguntou se eu tinha o segredo do sucesso. "Jeffrey, como você chegou a essa posição nas vendas? O que o impele? Você tem uma fórmula secreta do sucesso?"

A pergunta me pegou no contrapé. Não tinha pensado na minha fórmula. Achava que nem tinha. Tenho uma filosofia e vivo de acordo com a minha filosofia. Deveria responder assim? Não. Isso não é segredo. Portanto, respondi com uma verdade simples que sigo na vida: *seja o melhor*.

"Quando descobri que gostava de vender, criei uma só meta: *ser o melhor*", respondi.

"Quando descobri que gostava de escrever, criei uma só meta: *ser o melhor*. Quando a escrita me levou às palestras e treinamentos, criei uma só meta: *ser o melhor*. Ano passado, comecei a gravar; a mesma meta, *ser o melhor*."

Quando saí da rádio, corri para o computador e registrei a essência do que eu dissera. Ao desenvolver o pensamento, percebi que havia um *processo elementar* — uma fórmula da conquista pessoal; *melhor* é só um elemento da fórmula. E pensei em acrescentar à fórmula a palavra "secreta" para aumentar a probabilidade de ser lida. Ninguém gosta de fórmulas, mas uma fórmula *secreta...* ah, aí é outra coisa.

Há seis partes (elementos) no segredo da minha conquista pessoal.

1. **Visão.**
2. **Amor.**
3. **Melhor.**
4. **Atitude.**
5. **Pessoal.**
6. **Estudante.**

Melhor. O elemento funcional do segredo é *melhor*. Mas não é o primeiro; *melhor* é o elemento número três. Se você achar (fizer) algo que *ama* (o segundo elemento) e se esforçar constantemente para fazer o melhor e ser o melhor, todas as metas sobre carros, férias, casas e o sempre popular dinheiro vão aparecer.

> **As coisas materiais da vida são um subproduto da conquista pessoal. Estão automaticamente anexadas a ser e fazer o seu MELHOR.**
>
> *Jeffrey Gitomer*

Portanto, a questão é: o que leva você a querer se tornar o "melhor" em alguma coisa?

Visão. O primeiro elemento do segredo da conquista (da meta) pessoal é identificar uma *visão* e colocá-la na frente das suas metas. Tem uma grande meta? Claro que sim, todo mundo tem. A grande pergunta é: O que está diante (na frente) da sua meta?

> **Você tem uma visão pessoal que vai impulsioná-lo a conquistar todas as suas metas? Onde você se vê?**
>
> *Jeffrey Gitomer*

Amor. No ano passado, fiz uma descoberta acidental. Ela ocorreu quando examinei todos os elementos da minha carreira e tentei estruturar algumas ideias minhas num plano de dez anos. Estava me perguntando: "O que faço melhor? O que amo fazer? Onde tenho mais sucesso? Como quero passar os próximos dez anos?" A partir das respostas, decidi que o meu sucesso se concentraria nas vendas e no atendimento ao cliente: escrever, falar, gravar podcasts e fazer vídeos. Amo vender, amo o processo de vender, e servir é uma extensão de vender.

Assim que percebi que as minhas escolhas também eram a minha paixão, a *visão* ficou clara. No fundo, ter uma *visão pessoal, amar o que faz* e *se esforçar para ser o seu melhor* eram os elementos individuais. Mas, a não ser que os *combine* e *domine*, você nunca chegará ao melhor.

Os elementos restantes são:

Atitude. Muita gente se engana e perde a conquista e o sucesso por ter a *atitude* errada (elemento quatro). Já ouviu alguém dizer "eles não me pagam o suficiente para..."? Já pensou ou disse isso a si mesmo? São sete palavras que manterão você medíocre. Não cometa o erro de deixar de ser o seu melhor ou de fazer o seu melhor porque alguém não está lhe pagando. A quem você quer enganar? Conquistas não são sobre *dinheiro*; conquistas são sobre o melhor. Se acha que não lhe pagam o suficiente, pergunte-se qual é o seu valor.

Ter a atitude certa com o dinheiro o fará aparecer mais depressa do que querer ter muito.

Jeffrey Gitomer

Pessoal. Já se escreveu tanto sobre metas que basta a ideia de outro seminário sobre "Como estabelecer e cumprir metas" para fazer gemer os dedicados às conquistas pessoais. A questão não é de metas ou falta de metas. As metas são um requisito do sucesso. A questão é: que tipo de meta? O segredo das metas é torná-las *pessoais* (elemento cinco), não *materiais*. Faça metas sobre *você*, não sobre *aquilo*.

> Qual é a força motriz mais poderosa: cumprir a sua cota mensal ou ser o melhor nas vendas? Se você se impuser a meta de ser o melhor, a cota será automaticamente cumprida.
>
> *Jeffrey Gitomer*

O outro aspecto do *pessoal* se baseia no atletismo. Os atletas estão sempre se esforçando para atingir o seu melhor pessoal. Não para vencer todos os outros (embora essa seja uma grande conquista), só para vencer o seu melhor pessoal anterior. Isso os mantém avançando. Pode manter você avançando também.

Estudante. Tive uma visão clara num seminário de Jim Rohn. Ele disse: "não importa o que queira, estude primeiro. Se quiser ser médico, estude medicina; se quiser ser um sucesso, se aproxime de pessoas bem-sucedidas e estude o sucesso." Rohn diz: "Seja primeiro um *estudante* (elemento seis). E seja sempre um estudante. Não só um pai, mas um pai estudante. Não só um professor, mas um professor estudante." Uau, que conselho poderoso.

Desde o dia em que aprendi a minha primeira técnica de vendas (janeiro de 1972), quis ser o melhor. Estudo vendas há mais de quarenta anos. É por isso que dá certo comigo. **Não estou dizendo que é assim que funciona. Estou dizendo que é assim que *funciona comigo*.** Siga o conselho de Jim Rohn: seja um estudante primeiro. De todo o coração, é o que acredito que funcionará com você.

> **Nos seminários que faço, o melhor comentário que recebo do público é: "Jeffrey ama o que faz, dá para ver." Se você ama o que faz, as pessoas dirão que *está no seu sangue*. E esse sangue da labuta começa a se manifestar na sua conta bancária.**
>
> *Jeffrey Gitomer*

Caia na real...

Eu estava assistindo à entrevista do músico Kenny G na TV. Perguntaram-lhe o que o levou ao seu sucesso fenomenal. Ele disse: "Nunca desejei fama e fortuna. Quando descobri que gostava de tocar saxofone, só quis ser o melhor. O resto só aconteceu." Legal.

E a parte mais legal é: se você acha que ser e fazer o seu melhor é só um monte de bobagem... não se preocupe, essa informação não se aplica a você. Só se aplica aos que vão ultrapassá-lo.

Jeffrey Gitomer

Você está esgotado ou só odeia o que faz?

Acabei de ler um artigo sobre a opinião totalmente espúria de alguém sobre "esgotamento no trabalho" e percebi que algumas pessoas realmente estão ou pensam que estão "esgotadas".

Uma busca rápida na Amazon revelou 580 livros que têm "*job burnout*" (esgotamento no trabalho) no título ou que tratam do assunto. Argh!

O remédio que o artigo que li propunha era: "faça menos e evitará o esgotamento". Recomendava: evite o excesso de carga de trabalho, não seja prestativo demais, evite pessoas que drenem a sua energia, não trabalhe demais, e ainda punham na mistura a desilusão com o emprego. Em outras palavras: você vai continuar odiando, mas odiará menos.

Por que as pessoas afirmam que estão esgotadas? É uma ferida do pensamento que você mesmo provocou, baseada em ações inadequadas, na sensação falsa de estar sobrecarregado, estressado, em ter uma atmosfera de trabalho negativa em geral, em não amar realmente o emprego, em não acreditar no que faz e em ter um chefe que fica em algum ponto entre babaca e idiota.

Embora o esgotamento e o estresse sejam reais, muitas vezes são sentimentos autoimpostos que podem ser superados. O esgotamento se manifesta diariamente na sua fala até se incorporar à sua psique. Nada bom.

COMECE AQUI: Comece a sua autopercepção fazendo perguntas sobre si baseadas na realidade. Escreva as respostas.

PRIMEIRA PERGUNTA: Pergunte-se até que ponto você ama o seu trabalho.

SEGUNDA PERGUNTA: Pergunte-se qual é a MELHOR parte do seu trabalho.

TERCEIRA PERGUNTA: Pergunte-se o que gostaria de estar fazendo.

QUARTA PERGUNTA: Pergunte-se onde preferiria trabalhar, um lugar que lhe desse oportunidades iguais ou melhores (não só dinheiro).

QUINTA PERGUNTA: Pergunte-se se a grama é realmente mais verde no emprego do outro lado.

Estar ou sentir-se "esgotado" ou "estressado" não é um problema; é um sintoma. "Por que" você se sentir esgotado é o núcleo da situação.

Depois de se fazer essas perguntas, está na hora de FAZER ALGO POSITIVO PARA RESOLVER. O alívio começa quando você identifica a "causa" e cria as suas próprias respostas. As suas próprias verdades. E muda o seu padrão de pensamento de esgotado para ARDENTE!

Primeira ação: Escreva o que acredita que esteja causando os sentimentos estressados.

Segunda ação: Escreva quais você acredita que sejam os remédios.

Terceira ação: Ao lado de cada remédio, escreva o que você ou os outros poderiam fazer.

Quarta ação: Escreva a probabilidade de esses remédios ocorrerem.

Quinta ação: Escreva o seu trabalho ou carreira ideal e depois o que tem de fazer ou aprender para chegar lá.

DECIDA se está dentro ou fora. Se estiver dentro, dedique-se à excelência pessoal. Se estiver fora, saia depressa.

REALIDADE: Com base na sua situação atual (família, dívidas, obrigações), talvez você tenha de aguentar algum tempo, mas depois de identificar as causas e os remédios, a calma começa a aparecer. Está tudo sob o seu controle. Você está tomando decisões.

As suas circunstâncias atuais têm de ser mensuradas em relação à sua situação atual e às esperanças e sonhos futuros.

Eis algumas sugestões para o que levará você do modo "esgotado" para um estado de espírito mais positivo e esperançoso:

1. Comece o dia com as três coisas mais importantes que você quer realizar.
2. Cancele todas as reuniões estúpidas que desperdiçam tempo.
3. Pare de falar de coisas que não importam, principalmente de outras pessoas.
4. Concentre-se no resultado, não só na tarefa.
5. Dedique pelo menos quinze minutos a pensar por conta própria.
6. Livre-se dos três principais desperdiçadores de tempo (que desviam a atenção)
   - Notificações do Facebook no trabalho (a menos que seja Facebook profissional)
   - E-mails e telefonemas pessoais
   - Papo furado negativo no bebedouro
7. Vá para casa e leia em vez de assistir às telas. Comece com *O Livro de Ouro da Atitude Yes!*

7.5 No fim de cada dia, revise as suas conquistas. Escreva-as, tanto para se elogiar quanto para se desafiar.

Reacenda o seu fogo pessoal. Dê a si mesmo a oportunidade de se tornar "O MELHOR" no trabalho e na carreira. Nunca se entregue ao derrotismo. Decida a cada dia que você só pode ser o seu melhor se fizer o seu melhor.

Torne-se MELHOR, não esgotado.

Jeffrey Gitomer

"Não importa até que ponto seu trabalho pareça humilde; faça-o no espírito do artista, do mestre."

Orison Swett Marden
Do livro
He Can Who Thinks He Can, 1908

Comece o dia na noite anterior

Escreva tudo no fim de cada dia.

Adormeço em dois minutos ou menos toda noite; acordo revigorado todo dia; não "tenho" de tomar café pela manhã; nunca me preocupo com o que tenho de fazer nem com as pendências que houver. Estou sempre preparado para começar o dia e tenho as minhas melhores ideias no chuveiro.

O segredo? Duas palavras: **Escreva tudo.**

Deixo o celular e o tablet na mesinha de cabeceira. Antes de me deitar, mando para mim mesmo mensagens sobre tudo o que tenho de fazer, ideias que preciso examinar ou expandir ou problemas que necessito resolver. Depois que escrevo tudo, minha mente fica limpa.

A liberdade mental é uma coisa maravilhosa. Cria oportunidades não disponíveis para a mente atulhada.

Oferece canais limpos que trazem do subconsciente soluções e ideias novas e permite que você durma como uma pedra.

Faço isso há 45 anos (é, comecei com um bloco de papel comum).

Dá certo.

Escreva tudo antes de dormir...
Acorde com respostas.

Jeffrey Gitomer

Você precisa de uma rotina matinal

Acorde e sinta o cheirinho da preparação...

Nos últimos 25 anos, acordo pela manhã e imediatamente faço uma dessas cinco coisas — às vezes, todas as cinco. Escrevo, leio, me preparo e isso me faz pensar e criar.

É uma fração... e tem me ajudado a me DEFINIR e a me TORNAR quem sou. Isso me deu 16 livros, 2.500 palestras e sucesso além das minhas expectativas e dos meus sonhos no meu campo; acredito que a disciplina do processo pode fazer o mesmo por você.

Escrever, Ler, Preparar-se
Pensar, Criar

Jeffrey Gitomer

Acorde e sinta o cheirinho do sucesso.

Os 5,5 Princípios Matutinos de Gitomer
Escrever, Ler, Preparar-se, Pensar, Criar
Diariamente

1. Escreva
2. Leia
3. Prepare-se
4. Pense
5. Crie
5.5 Diariamente

Segunda-feira é o dia em que você acorda e diz "Que bosta, é segunda-feira" ou "FANTÁSTICO, é segunda-feira". Meu desafio é: deveria ser "Fantástico, é segunda-feira" em todos os dias da semana. Todos os dias da semana deveriam se chamar segunda-feira, porque é nesse dia que você tem de tirar a bunda da cadeira, pôr as coisas para acontecer e fazer logo essa merda, senão terá problemas.

No meio da semana, se não gosta do que faz ou se odeia o seu emprego, os americanos chamam a quarta-feira de "Hump Day", o dia da lombada, porque metade da semana já passou. É a expressão mais burra que já ouvi.

Significa que na quarta-feira você não aguenta mais, mas, se conseguir aguentar mais dois dias, chegará à festa do fim de semana. Patético.

Cadê o seu ímpeto pelo sucesso e pela conquista? Cadê o seu ímpeto por se aprimorar e crescer? O "dia da lombada" deveria se chamar "dia dos perdedores".

No último fim de semana, autografei mil exemplares do meu livro *Truthful Living* enquanto você saía para se embebedar. É o primeiro texto, o texto original de Napoleon Hill. Tem cem anos. Foi publicado pela Amazon.com, e juro que esse livro muda vidas. As lições do livro foram escritas vinte anos antes de *Pense e enriqueça* e são absurdamente perspicazes, inspiradoras e cheias de "novas" ideias com cem anos de idade. É incrível.

Quero lhe falar de como se preparar para pegar fogo em qualquer dia da semana, segunda-feira, domingo... Bom, no domingo a sua lanchonete preferida está fechada, e isso é um baita problema, mas em todos os outros dias da semana, em qualquer manhã da semana, você precisa ser capaz de acordar e se sentir incrível com o que vai acontecer, se sentir extraordinário com o que vai acontecer, e começar com um entusiasmo e otimismo matutinos concentrados em você. A questão é o que você faz pela manhã para chutar a própria bunda rua afora rumo ao sucesso, à felicidade, à riqueza e à realização.

É uma mensagem pessoal.

Há 25 anos, eis o que faço toda manhã. Acordo e todo dia leio e/ou escrevo e/ou me preparo. Ou alguma combinação dos três. Só faço isso há 25 anos, então ainda não sei se está dando certo. Vou fazer por outros 25 anos e então, acabou, vou desistir.

Quando você lê, escreve e se prepara, isso automaticamente o leva ao nível seguinte de pensamento e criação, porque força os seus fluidos a girar mais rápido.

Jeffrey, você precisa de uma xícara de café para isso?

Bom, às vezes eu tomo uma xícara de café, outras vezes, não, mas depois que estou pronto para criar, não antes... Às vezes, acordo e estou tão cheio de ideias que me sento de pijama (tá, de cueca) e começo o meu ritual.

Em outros dias, tomo um banho, me visto e me sento para o ritual, mas SEMPRE faço o ritual.

O desafio é... Acabei de lhe dar os cinco elementos do meu sucesso pessoal: ler, escrever, preparar-se, pensar, criar. E agora?

Gostaria de decompor em partes: Pela primeira vez, você terá a sensação do que é estar automotivado e inspirado na segunda, na terça, na quarta, na quinta ou na sexta, no sábado e no domingo.
Não existe dia da lombada.

É isso mesmo. Nunca foi escrito antes. Vou revelar o segredo do que realmente faço sentado na minha cadeira.

É a chamada cadeira do fã, o que é interessante, porque sou o meu maior fã, mas eis a resposta:

Faça uma seleção do que ler (só leia algumas páginas), e talvez você queira ler algo sobre atitude ou queira ler algo sobre técnica de vendas. Escolha cinco páginas de *O Livro Vermelho de Vendas* ou de *O livro de ouro da atitude Yes!* ou pegue um livro antigo, como faço. Vou pegar *Quem vende enriquece*, de Napoleon Hill, e escolher algumas páginas para ler, ou o meu livro favorito de Orison Swett Marden sobre atitude, *He Can Who Thinks He Can,* e ler.

Você pode ter todos esses livros agora. Estão sendo republicados, e você pode comprá-los por 10 a 15 dólares. Procure no eBay ou no Google livros sobre atitude ou livros antigos sobre vendas; compre alguns e leia. Comece a sua biblioteca de sucesso. Qualquer coisa de Elmer Leterman, qualquer coisa dos mestres, os Dale Carnegie da vida, os Samuel Smile, os Robert Collier, os Orison Swett Marden, e, é claro, qualquer um dos livros de Napoleon Hill. Leia algumas páginas por dia; não de vez em quando, TODO DIA.

RESULTADO: Você vai descobrir que começa o dia com uma mentalidade positiva.

PERIGO: Elimine a televisão da sua manhã, "quem levou uma surra no estacionamento ou sofreu um atentado ou se queimou ou quem está brigando com quem ou quem está mentindo e quem não está"... Vou lhe dar uma dica: todos são mentirosos.

O resultado é: não presto atenção nesse lixo. Presto atenção em mim, a pessoa mais importante do meu mundo, e quero que você preste atenção em você, a pessoa mais importante do seu mundo.

PRIMEIRA REGRA MATUTINA: *Aloque o tempo e abra o seu espaço.*

SEGUNDA REGRA MATUTINA: Escolha os seus livros, áudios ou vídeos.

Tenho o meu próprio espaço no meu escritório, que fica em casa. Sou afortunado por ter isso. Na verdade, criei o meu próprio "afortunado". Você precisa do seu espaço. Vá para o seu melhor espaço e pegue o seu computador. Você pode até ler coisas na internet, se preferir, porque muita coisa já está lá. Portanto, se não tiver o livro, você não tem de comprar o livro. Pode apenas procurar alguma coisa no Google ou no YouTube, talvez até assistir a um vídeo de autoajuda ou sobre atitude.

A próxima coisa que faço é escrever. Posso escrever algumas ideias e pensamentos que tenho enquanto leio, porque às vezes ler me inspira a escrever. E você? No ano passado, escrevi outro livro sobre vendas, chamado *Jeffrey Gitomer's Sales Manifesto* – o manifesto das vendas de Jeffrey Gitomer. É um livro sobre como vender na próxima década.

No ano passado, terminei o livro baseado nos primeiros textos de Napoleon Hill (de 1917 — vinte anos ANTES de *Pense e enriqueça*). Esse livro histórico se chama *Truthful Living* — a vida sincera. Contém 23 palestras e cartas originais de Hill sobre atitude, crença e realização. Em *Truthful Living*, escrevi uma introdução para cada capítulo e, no fim de cada um, "Como implementar isso na sua vida". E tive de fazer algumas observações em cada um, para você conseguir reinterpretá-los no século XXI.

REALIDADE:
Você está assistindo à TV, estou lendo. Entendeu até agora? Estou lendo.

REALIDADE:
Você está assistindo à TV, estou escrevendo. Entendeu até agora? Estou escrevendo.

TERCEIRA REGRA MATUTINA: *Escreva pensamentos e ideias.*

No último ano, escrevi até não poder mais — e o resultado é mais clareza mental do que nunca.

Truthful Living, o livro de Napoleon Hill, é uma aventura de desenvolvimento pessoal da consciência. As citações de página inteira deste livro são absolutamente fora do comum. Eis uma: "Se quiser favores, faça favores. Isso está de acordo com a lei da atração harmoniosa, por meio da qual recebemos exatamente o que damos." Recebemos exatamente o que damos. Adoro esse tipo de coisa. Eis outra citação clássica: "Salário grande e responsabilidade pequena são circunstâncias raramente encontradas juntas." U-hu! Portanto, o seu serviço é ASSUMIR A RESPONSABILIDADE e ter sucesso. Mesmo assim...

Só perceba, nesse ritual/rotina matutino, que você tem a oportunidade e a responsabilidade de ler e, então, se inspirar para escrever. Talvez escreva um par de tuítes, talvez escreva algo de que os seus clientes precisam, talvez escreva algo de valor, talvez escreva algo engraçado, talvez escreva algo que alguém considere tão legal a ponto de valer a pena retuitar, repostar ou enviar a outra pessoa. Publique no seu Facebook, publique no seu Twitter. Você pode até pegar os seus escritos e gravá-los em vídeo. Pode escrevê-los e pôr no seu notebook ou em algum lugar da tela do computador. Leia o texto num vídeo, publique-o no Facebook ou no Twitter.

Ou assista à TV como um bobo.

Fizemos um vídeo ao vivo no Twitter. Fizemos um no Instagram na semana passada. Estamos ao vivo no Facebook toda semana. E você, não... Você acorda de manhã todo irritadinho com o fato de que está chovendo ou fazendo calor demais lá fora. Vai dar 40° hoje. Quem dá a mínima para a temperatura lá fora? Tem de fazer sol e 25° na sua cabeça todo santo dia, não importa o tempo lá fora. Senão, você não estará realmente se inspirando (se elevando) para ter um ótimo dia. Já está irritado com alguma coisa antes mesmo de começar.

Leia algo que seja positivo e depois escreva ou grave algo que seja positivo, entendeu? E então, *se prepare*. Você se prepara para o seu dia, se prepara para o seu cliente ou prepara ideias. Você prepara as perguntas que vai fazer. Não importa o que vá fazer nesse dia, você tem de se preparar para ele. Estou me preparando há muito tempo, porque dou seminários, talvez uns 50 ou 75 deles por ano em vários lugares do país ou do mundo, e tenho de me preparar. Às vezes, me preparo até tarde da noite, me preparo até uma ou duas da madrugada, e aí acordo às seis para acabar de me preparar para a palestra às oito.

QUARTA REGRA MATUTINA: *Prepare-se. E prepare-se mais um pouco.*

Entendo tão bem a preparação quanto qualquer pessoa no planeta, mas o meu desafio é: se não estiver totalmente preparado (pronto) pela manhã para tudo o que vai lhe acontecer durante o dia, você terá um mau dia ou, pelo menos, um mau episódio durante o dia por estar despreparado. O interessante é que "despreparado" vai até aquela palestra que você teria de dar. "Tenho medo de falar em público, Jeffrey. Não me sinto à vontade." Nada disso; você está despreparado. A maior parte das pessoas que dão palestras se preocupam mais com o que vão vestir do que com o que vão dizer.

Não me preocupo com o que vou vestir. Nunca. Não quero que os outros prestem atenção no que estou vestindo. Quero estar apresentável, mas quero que as pessoas prestem atenção ao que estou dizendo, ao que estou pensando, ao que estão ouvindo e como vão escrever isso e transformar em ação e transformar em dinheiro... e é o que você também deveria querer.

OBSERVE BEM: Tudo o que você faz na primeira hora do seu dia determina o resultado do resto do dia; melhor que seja ler, escrever e preparar-se.

Escrever, Ler, Preparar-se
Pensar, Criar

Agora vou mais fundo. Observe que há uma linha traçada aí nessa fração. Embaixo de ler/escrever/preparar-se há duas palavras novas, *pensar* e *criar*.

O que você está pensando e como é que esse pensamento afeta você e afeta o que lê, afeta como reage ao que obtém, ao que lê, ao que precisa fazer? Pense no que está lhe acontecendo e em como você cria ideias e perguntas novas para os seus clientes. A parte da criatividade pode ser ensinada. A criatividade é uma ciência. Não é "Ora, esse sujeito é muito criativo". Não, não, a criatividade é uma ciência. Já se escreveram livros sobre isso, e você pode aprender lendo e agindo.

Ou então pode assistir a TV, Netflix, Hulu, ou Facebook, blablablá.

Vá procurar *Thinkertoys*, primeiro livro de Michael Michalko, e *Cracking Creativity*, o segundo. Depois, compre *Criatividade levada a sério*, de Edward de Bono. Esses três livros foram meus fundamentos para aprender criatividade. Eles ensinam a pensar de um jeito diferente, a observar de um jeito diferente e a superar o pensamento de todo mundo. A criatividade é a peça básica, fundamental e mais importante que falta no seu conjunto de habilidades. E você pensa: "Ora, não sou muito criativo". A culpa não é sua. Arranje um livro sobre criatividade e comece a ler sobre o tema.

Comece com *Thinkertoys* de Michael Michalko. Está na lista de leituras recomendadas do meu site, gitomer.com. Juro a você que a criatividade ficará mais clara. Ler esse livro é como se a sua mãe segurasse você pela mão e lhe ensinasse a criatividade. É tão fundamental, é tão fácil. Li esse livro em 1994 e foi inacreditável, me abriu os olhos, me abriu a mente. Corra atrás dele; foi atualizado e ampliado. Olhe, são 15,99 dólares, seus miseráveis. É só clicar o botão Compre Agora e ir fundo. Você também pode comprar a versão para o Kindle.

Thinkertoys é cheio de ideias e pensamentos imediatamente aplicáveis. Um dos conceitos do livro é uma estratégia do processo criativo chamada *SCAMPER* (sair em disparada). Quando entender isso, você terá novas maneiras de olhar e pensar a criatividade... "Tudo bem, é assim que visualizo as coisas. É assim que vejo as coisas de um jeito diferente e rearrumo as coisas de um jeito diferente para usar a minha capacidade criativa." Simples. Poderoso. E mostra que a criatividade é uma ciência que se pode aprender.

SUA VEZ: Acabei de lhe dar a fórmula para acordar e se motivar na segunda, na terça, na quarta, na quinta, na sexta, no sábado e no domingo, e você precisa agir.

Se fizer isso por um dia ou dois e depois voltar aos velhos hábitos, não vai ajudar. Você tem de assumir o compromisso de se dispor a fazer isso em todos os dias da semana, senão não fará diferença na sua vida.

É o que faço todos os dias, e faço isso há 25 anos, e o seu trabalho é fazer exatamente a mesmíssima coisa. Por si. Durante 25 anos.

Estou no meio da escrita de dois livros neste momento, e é assim. Estou aceso, escrevendo até a mão cair do braço. Na verdade, não faço isso só de manhã cedinho. Hoje, passei o dia inteiro escrevendo.

O seu serviço é descobrir o que você faz melhor e alocar tempo para ser capaz de fazer isso. Reserve uma hora pela manhã. Não me diga que vive ocupado, tem filhos, reuniões e esse tipo de merda.

Acorde uma hora mais cedo. Levante-se e, se quiser se exercitar, tudo bem. Se quiser correr ou fazer uma caminhada, tudo bem.

Depois procure o seu espaço tranquilo e Faça Logo Essa Merda POR VOCÊ.

"Comece cada dia fazendo por você algo que o inspire, não só que o motive. Que o inspire a ser uma pessoa melhor, um cônjuge melhor, uma pessoa melhor, um amigo melhor, um servidor melhor e a fazer coisas melhores."

Jeffrey Gitomer

A fórmula secreta e o fator Bob Esponja

Destranque o cofre do Siri Cascudo e a busca interminável de Plankton, que quer roubar e arruinar o sanduíche perfeito, pela fórmula secreta do Krabby Patty.

Neste livro, a receita do sucesso por meio da conquista é finalmente revelada... A felicidade, o otimismo e a persistência de Bob Esponja, que persiste até não poder mais, predominam, embora o resultado esperado ou desejado possa não acontecer na primeira nem na décima tentativa.

E o elenco pode variar de pouco solidário a subversivo: canalhas medíocres, ranzinzas, idiotas e ladrões que atrapalham os seus sonhos, objetivos ou sucesso.

A RAZÃO?...

As pessoas chovem no seu desfile porque não têm desfile próprio.

Jeffrey Gitomer

(Pergunte-se)

Elementos da Fórmula Secreta de "Faça Logo Essa Merda"...

- O que preciso fazer?
- De que tamanho é o meu desejo de fazer?
- Até que ponto estou disposto?
- Qual é a minha atitude perante isso e a respeito disso?
- Qual é o risco?
- Qual a minha probabilidade de sucesso?
- Quais são as circunstâncias externas? Pressões? Recompensas?
- Quais são as minhas razões reais para fazer isso? O meu PORQUÊ?
- Quais são as consequências do atraso?
- Qual é o trabalho envolvido?

- O que mais briga pelo meu tempo? (família, dívidas, despesas, emprego, prazer, outras prioridades, saúde, vício, fator mariposa na lâmpada)

- Consigo que outros trabalhem comigo ou façam isso por mim?

- Posso adiar? Procrastinação, evitação

- Qual é o prazo?

- Qual é o meu fator de alocação de tempo?

- Qual é o resultado esperado?

- Qual foi o resultado real (medição)?

- Qual é a recompensa por terminar?

- O que estou evitando?

- Por que (realmente) estou evitando?

- Qual é o meu desejo de fazer isso logo?

- Quais são as consequências de não terminar ou de evitar?

Essa é a fórmula secreta de 100 anos para Fazer Logo Essa Merda

Uma fórmula de Napoleon Hill no seu livro

Truthful Living que o ajudará

a produzir mais e ganhar mais.

Chama-se regra dos CINCO PONTOS...

Napoleon Hill diz: Vá aonde quiser, siga a vocação que escolher, mas no final, quando a LEI DA COMPENSAÇÃO fizer o seu trabalho, você descobrirá que vai "colher o que semeou".

O sucesso pode ser obtido pelos que se dispuserem a pagar o preço. E a maioria dos que anseiam por um cargo de dez mil dólares por ano (esse era o salário de sucesso em 1917; no mercado de hoje, traduz-se por 250.000 dólares), principalmente quando estão envolvidos nos negócios, talvez consiga, se pagar o preço.

E o preço é a eterna vigilância no desenvolvimento de:

- Autoconfiança
- Entusiasmo
- Trabalhar com um objetivo principal
- Prestar mais serviço do que lhe pagam
- Concentração

Com essas qualidades bem desenvolvidas, você com certeza terá sucesso.

Vamos chamar essas qualidades de "**REGRA DOS CINCO PONTOS**".

> A razão pela qual essa regra continua um segredo é que TODOS OS CINCO PONTOS TÊM DE SER EMPREGADOS O TEMPO TODO e depois, DOMINADOS. Realizar apenas 3 ou 4 nunca lhe trará o sucesso que anseia, porque você não está realmente disposto a trabalhar com o afinco necessário.
>
> *Jeffrey Gitomer*

Em *Truthful Living*, Napoleon Hill faz essa promessa com INTENÇÃO...

> **Tenho a intenção de desenvolver em você [...] uma personalidade magnética, autoconfiança, entusiasmo, coragem, sinceridade de propósito, força de caráter, persistência e determinação!**
>
> *Cem anos atrás, Napoleon Hill ACERTOU NA MOSCA*

"O sucesso pode ser obtido pelos dispostos a pagar o preço [...] E o preço é a eterna vigilância no desenvolvimento de [...] autoconfiança, entusiasmo, trabalhar com um objetivo principal, prestar mais serviço do que lhe pagam e concentração. Com essas qualidades bem desenvolvidas, com certeza você terá sucesso."

Napoleon Hill
Truthful Living, 1917

Você é o conjunto de elementos das suas respostas e reações

Meu tuíte de hoje foi: **"Resiliência não começa com experiência – COMEÇA com atitude – a sua atitude."**

Foram mais de 100 "retuítes". Evidentemente, as pessoas entenderam a essência do que eu estava dizendo e quiseram contar aos outros. Mas, como o Twitter só permite 280 caracteres, quis me estender sobre a palavra resiliência, porque ela tem um significado muito mais profundo e complexo do que eu conseguiria oferecer num tuíte só.

IMAGINE: O seu chefe diz: "Faça 100 ligações frias esta semana". E as vinte primeiras pessoas batem o telefone na sua cara.

IMAGINE: Só lhe resta um possível cliente este mês e, se ele não comprar, você não completa a cota. Eles ligam agora de manhã e dizem que decidiram comprar do concorrente.

IMAGINE: Você parou no semáforo e alguém bate na traseira do seu carro.

IMAGINE: Você finalmente consegue uma reunião com o chefe para pedir um aumento, e ele nega.

Essas são ocorrências reais nas vendas e na vida que cada um de vocês que estão lendo isto já viveu.

Resiliência é como você reage, responde e se recupera dessas situações.

É importante notar que todos esses desafios põem à prova a sua força mental. A resiliência começa com a força da sua própria atitude. Quando você desanima com facilidade, o seu nível de autoconfiança é baixo, a autoestima é falha ou a autoimagem é alvo de dúvidas, cada uma dessas circunstâncias iniciadas com IMAGINE é considerada um desastre. Numa escala de 1 a 10, o seu nível de resiliência está abaixo de 10.

E o terreno entre 10 e 100 é onde a sua experiência, combinada à sua autoinstrução, é posta em jogo e desafia o processo de pensamento para passar da reação negativa "tadinho de mim" para a mais positiva "consigo resolver isso. Consigo superar isso. Eis algumas ideias que acabei de ter e que me ajudarão. Eis as providências que estou disposto a tomar para que a situação melhore. E, o mais importante, não vou deixar esses eventos (essas situações) me levarem a pensar mal de mim nem me pôr pra baixo."

E não se esqueça de que essa é só a parte de reação da resiliência.

Depois que você processou cada uma dessas circunstâncias e reagiu a elas mentalmente, chega a hora de responder a elas. A sua resposta é uma combinação de atitude, experiência passada e resiliência.

A sua força interior se manifesta em palavras e atos.

A maioria deixa de entender que a resposta é provocada pelo pensamento. Se quiser usar a expressão resposta reflexa, normalmente isso significa resposta sem pensar, principalmente em situações negativas.

Cada um de vocês já deu uma resposta burra. Algo como: "Estou fazendo o melhor que posso", "só estou fazendo o que mandaram" ou alguma resposta baseada em desculpas e não em respostas. Qualquer um consegue arranjar uma desculpa. É preciso ser uma pessoa de caráter para descobrir o que fazer, controlar as próprias emoções, pensar depressa ali na hora e encontrar algo para avançar em vez de se pôr pra baixo.

Algo que esteja na ofensiva em vez de ser ofensivo.

Algo que afirme a boa vontade em vez de criar defesas.

Algo que diga o que você consegue fazer, e não o que não consegue.

Algo que afirme o que poderia acontecer em vez de reafirmar o que acabou de acontecer.

E não se esqueça de que essa é só a parte de resposta da resiliência.

Agora chegou a hora de fazer a sua resiliência realmente brilhar. Você reagiu de um jeito positivo, respondeu de um jeito positivo e agora tem de se recuperar de um jeito pessoal — não só com as pessoas envolvidas, mas avaliar quem você é como pessoa e tirar a lição de como isso ajudará a construí-lo e construir o seu caráter em vez de olhar em volta para achar em quem jogar a culpa, se tornar defensivo ou dar alguma desculpa esfarrapada sobre isso ou aqueles — nunca assumindo a responsabilidade por *você*.

> **A recuperação lança as bases da próxima reação. Uma atrás da outra, a recuperação constrói os alicerces da sua resiliência. Uma atrás da outra, a recuperação positiva constrói alicerces de cimento e concreto reforçado com vergalhões de aço.**
>
> *Jeffrey Gitomer*

Você constrói a sua estatura, você constrói a sua autoestima, você constrói a sua autoconfiança, você constrói a sua autoconvicção, e faz isso com força interior combinada a força mental. Pode chamar de fortitude, pode chamar de coragem, mas desafio você a pensar nisso como resiliência, porque vai acontecer mais de uma vez.

Então, eu lhe dei reagir, responder e se recuperar. Vou acrescentar 0,5 a essa lista. *Integridade.* Toda vez que surge a oportunidade, toda vez que o seu caráter ou a sua atitude são desafiados e você reage, responde e se recupera de forma positiva, você constrói a integridade pessoal de quem você é e de quem você busca se tornar.

Nunca é preciso falar disso. Os outros verão e verão essa força dentro de você. Os outros falarão sobre você de forma positiva, o admirarão em silêncio e com palavras — e outros buscarão tomar você como exemplo.

Bom, parece que usei os meus 280 caracteres. No lado pessoal, confesso que a minha resiliência é diariamente desafiada — não só como vendedor, não só como empresário, mas também como pai, avô, marido e amigo.

A resiliência não conhece fronteiras. Mas toda vez que surge a oportunidade de construir a minha, recebo-a com entusiasmo, assim como todas as lições a ela anexadas.

Espero que você faça o mesmo.
E espero que comece agora.

> "Se quiser ganhar riqueza, ganhe primeiro uma riqueza de conhecimentos."
>
> Jeffrey Gitomer

> "Se quiser dobrar as suas vendas, dobre a quantidade de tempo que fica diante de pessoas que lhe digam **SIM!**"
>
> Jeffrey Gitomer

VENDAS
e
T*MPO

O tempo está do seu lado, desde que você o entenda.

"Tempo é dinheiro."

Você já ouviu essa frase mil vezes ou mais. E em todas as vezes que a ouviu, *você a ignorou universalmente.*

Todo ano, recebo centenas de pedidos de um curso sobre "gestão do tempo". E todo ano dou a minha resposta: por que perguntam a MIM o que fazer com o SEU tempo? Vocês não SABEM o que fazer?

É gestão do tempo ou tempo desperdiçado?

É gestão do tempo ou procrastinação?

É gestão do tempo ou falta de produtividade?

É gestão do tempo ou falta de conquista?

É gestão do tempo ou más escolhas ligadas ao tempo?

Diga você; estou me concentrando nas minhas dificuldades de tempo, não nas suas.

Estou escrevendo outro livro sobre o tema da gestão do tempo (que logo receberá o título): *Você já sabe o que fazer, só não está fazendo.*

Adoro as expressões criadas no decorrer dos anos...

- **O tempo certo.**
- **Poupar tempo.**
- **Não há tempo melhor do que o presente.**
- **Houve um tempo em que...**
- **Dedicação de tempo.**
- **Gestão do tempo.**
- **Bomba-relógio**

E uma tonelada de jargão irrelevante.

Portanto, se tempo é dinheiro, como já sugerido, o que você está fazendo com o seu? Está gastando ou investindo? E como o seu investimento de tempo está funcionando com você?

Está frustrado porque não há "horas suficientes no dia"? Eu estou. Groucho Marx estava certo. Ele queria um dia de 36 horas. Assim, a gente poderia trabalhar 24 horas e ainda ter uma boa noite de sono.

Gastar ou investir o tempo é uma ESCOLHA. Eis alguns exemplos de escolhas. Veja quais se aplicam a você.

- **Gastar tempo assistindo à TV — Investir tempo lendo um livro**
- **Gastar tempo bebendo no bar — Investir tempo escrevendo ou se preparando para uma ligação de vendas**
- **Gastar tempo jogando videogame — Investir tempo aprendendo venda social**
- **Gastar tempo jogando videogame — Investir tempo conversando com os seus filhos**

O tempo investido na família gera o melhor dividendo: amor.

Isso é gestão do tempo? NÃO. Na verdade, é *Alocação de Tempo*. É como você escolhe usar o seu tempo AGORA MESMO. Como você está gastando ou investindo as suas 16 a 18 horas por dia?

Novas pressões vem sendo impostas ao *imediatismo* do seu tempo — e, para muitos, são horas, não minutos por dia. E esses são usos do tempo que se infiltraram no tecido profissional e estão firmemente plantados na sua vida — e na minha.

- **Celular.** As pessoas (não você, é claro) estão viciadas. Não conseguem se sentar sem olhar a telinha e responder a ela. Você passa horas no seu celular, com mensagens, buscas e e-mail, e DEPOIS começa a falar.
- **E-mail**. Quantos por dia? Dez? Cem? Mais?
- **Mensagens**. O modo de comunicação instantânea. Instantânea e inevitável.
- **Mídias sociais.** Sentir a necessidade (errônea) de responder instantaneamente.

"Jeffrey, não passo tanto tempo assim no celular." É mesmo? Uma hora e meia por dia são 2.700 minutos por mês, são quase dois dias inteiros de 24 horas por mês. E a maioria gasta MAIS. Não estou dizendo que todo esse tempo é ruim, estou dizendo que são 90 horas; meça você o seu valor.

E novas exigências de tempo estão criando a realocação do seu tempo alocado, a maior delas sendo as mídias sociais. Facebook, Twitter, LinkedIn, Instagram e YouTube exigem atenção profissional e pessoal e mais alocação de tempo. Tempo que você e eu nunca tivemos de alocar. Acrescente blogs, newsletters, e-mails e sites e você tem centenas de novas horas que exigem, não, ordenam atenção e tempo. O seu tempo. O meu tempo.

Quer somar a sua nova alocação de tempo? Três horas por dia (mínimo para todos os itens acima) são 15 horas por semana, se você só usar o celular cinco dias. Duvido. São 780 horas por ano. O meu número chegaria mais perto de mil... e o seu?

Provavelmente, você fica mil horas só no celular.

Eis a oportunidade ou o obstáculo — depende do seu ponto de vista. Em toda essa alocação e realocação de tempo, não se esqueça de que você está abordando as metas reais do processo de investir tempo.

Eis em que você deveria se concentrar para conquistar nessas horas alocadas:

- **Fazer conexões**
- **Ajudar os clientes**
- **Oferecer valor**
- **Construir relacionamentos**
- **Conseguir indicações**
- **Construir uma plataforma de venda social**
- **Escrever e postar**
- **Acompanhar as contas boas**
- ah, sim. Vender.

> **Ligações frias? Você não tem tempo a perder com tentativa e erro. Noventa e nove vírgula nove por cento de erro. As indicações são 75% de acerto. Comece por aí. O LinkedIn é uma plataforma de conexões profissionais. Comece por aí.**
>
> *Jeffrey Gitomer*

Também é bom alocar algumas horas para leitura, família e viagens. É o que faço.

NOTA: Você tem bastante tempo. É só cortar o tempo em que você faz merda.

Jeffrey, o que causa a procrastinação? Por que as pessoas perdem tempo?

"Quando ama o que faz, você procrastina menos."

Quando não vê que há uma recompensa enorme no fim do trabalho, a pessoa não tem um grande incentivo para trabalhar. A maioria procrastina (e/ou desperdiça o tempo) porque não gosta do que faz. Não há paixão. Quando ama o que faz, você procrastina menos. Observe que não digo que você não procrastina nadica, você só tende a procrastinar menos. Todo mundo tem em si alguma procrastinação, não importa quem seja.

A REGRA É:
Quanto mais "não gosta disso", mais você procrastina.

"Quando está procrastinando, você sabe muito bem."

A outra coisa é que as pessoas tendem a ter em si aquela característica da "mariposa na lâmpada". As mariposas não se importam com a lâmpada a que vão, só querem aquela que brilhe mais. Agora, isso não é só do ponto de vista do que é urgente no momento, mas também do que é agradável. Você pode estar procrastinando e saber. Por exemplo: você tem um projeto cujo prazo está se esgotando, mas vai passar um jogo e você assiste ao jogo primeiro. E você sabe que está fazendo isso, mas a "lâmpada" está na televisão, e brilha mais, e você bate as asas em torno dela por algum tempo. *Então, só vou fazer um sanduíche, e depois... Só vou ligar para esse cara e ENTÃO vou trabalhar. Juro.*

Todo mundo faz isso.

O mais interessante da procrastinação é que sabemos quando estamos procrastinando. A procrastinação é consciente.

Se sempre dá a desculpa: "Farei isso amanhã", então você procrastina.

Jeffrey Gitomer

Então, Jeffrey, procrastinação é um problema ou um sintoma?

"A procrastinação é um sintoma"

"Ser (ou evito ser) um procrastinador é um sintoma." O problema tem raízes mais fundas. As suas metas e intenções não estão determinadas com clareza. Na verdade, você não gosta do que faz.

Você não gosta da pessoa para quem está trabalhando. Não é uma pessoa bem dirigida nem autodirigida. Esses problemas levam à procrastinação.

Tudo bem, Jeffrey. Como saber que tenho essa doença?

"Procure os sinais precoces de alerta que causam a procrastinação."

- Você detesta o seu emprego.
- Você é cético.
- Você faz um curso de gestão de tempo e ele "não deu certo".
- Você mente sobre atrasos.
- Você inventa desculpas como "o cachorro comeu o meu dever de casa".

Se você é assim, provavelmente é um procrastinador, desperdiçador de tempo ou ambos.

Tudo bem, Jeffrey, como é que paro de desperdiçar tempo?

"Estabeleça prazos para as conquistas"

Escrever os prazos das conquistas ajuda. Você sempre consegue dar um jeito de fazer alguma coisa pouco antes do fim do prazo. Eis duas coisas que você pode fazer. A primeira é estabelecer um prazo falso (mais curto). A segunda é gostar do prazo em vez de ficar se lamentando.

Como é que se gosta de um prazo? É preciso uma atitude positiva. Olhe o prazo como uma experiência de aprendizado, em vez de tarefa chata. Até o fracasso é uma experiência de aprendizado. Tente se recompensar com algo bom depois de fazer o que não gosta.

Eis alguns *pensamentos de despedida* que podem criar um AH-HÁ! na questão de por que você procrastina e de como agir para fazer logo essa merda:

- **Orgulhar-se do que faz provavelmente reduz a procrastinação.** Se estiver fazendo alguma coisa e não se orgulhar de realizá-la, você não terá muita expectativa pela conquista. O resultado final seria "que importa?" em vez de "fui eu que fiz!"
- **EXEMPLO DA VIDA REAL:** Você terminou o relatório de vendas do fim de semana para satisfazer o chefe que você odeia e não respeita, então fez tudo na noite de domingo, assistindo à televisão, e "embelezou" um pouco os detalhes.
- **Se não for divertido, faça outra coisa.** Faça o que ama. O dinheiro se resolve sozinho quando fazemos o que amamos.
- **DESAFIO DA VIDA REAL:** Como é o seu humor quando você volta para casa à noite? Mau humor = probabilidade menor de conquista.

Mais perguntas AI!

- Com que frequência você diz a si mesmo "posso fazer isso depois"?
- Até que ponto você se sente realizado quando termina um projeto?
- Até que ponto você gosta do seu líder no trabalho e o respeita?
- Como você se sente quando se levanta pela manhã?

CONTROLE DA REALIDADE:

A maioria passa mais tempo reclamando da situação do que resolvendo a situação. Se simplesmente saíssem do aspecto "coitadinho" da vida e entrassem no aspecto "solução", tudo se resolveria.

A produtividade (oposto de procrastinação) é resultado direto do desejo de produzir.

> "O segredo de fazer logo essa merda é querer e ter a intenção de fazer."
>
> Jeffrey Gitomer

> "Noventa por cento das propostas são perda de tempo. A venda deveria estar concretizada ANTES de escrever a proposta. A proposta deveria ser a essência do que já foi decidido por você e pelo possível cliente... Não é mesmo?"
>
> **Jeffrey Gitomer**

V*NDAS e VOCÊ

PERSISTÊNCIA E "ANTENAS LIGADAS"... DOIS dos principais princípios para Fazer Logo Essa Merda...

Isso nunca vai acontecer – De onde veio o meu primeiro livro?

Como em grande parte das vendas, começou quando recebi um não.

No segundo trimestre de 1992, o jornal *The Charlotte Observer* publicou uma reportagem sobre mim e o meu talento nas vendas que fez o meu telefone não parar de tocar. Voltei correndo ao jornal para oferecer os meus serviços de escritor.

"Quero escrever uma coluna semanal sobre vendas", anunciei. Além de me dar um não, eles disseram: "Isso nunca vai acontecer". Respondi: "Não. Nunca vai acontecer aqui."

Naquela mesma manhã, uma hora depois, fiz um acordo com o *Charlotte Business Journal* para publicar uma coluna semanal sobre habilidade em vendas. Chamei-a de "Sales Moves".

Na próxima vez em que alguém lhe disser "nunca", lembre-se de que isso significa "não, pelo menos durante uma hora". Meu nome é Jeffrey Gitomer; sou vendedor, palestrante e escritor, sou pai, avô, marido e amigo. Não tenho Ph.D. Larguei a faculdade. Não moro numa torre de marfim. Moro num apartamento convertido na Lance Cracker Factory, em Charlotte, na Carolina do Norte. Aprendi a vender em Nova Jersey, Filadélfia e Nova York. Hoje, ajudo pessoas do mundo inteiro a entender a diferença entre "como vender" e "por que as pessoas compram".

Em 1969, me envolvi no marketing multinível na época em que era chamado de pirâmide. Em 1974, vendi três milhões de dólares em roupas com ligações frias pré-segmentadas em Nova York. Em 1983, vendi a impressão de todas as roupas da Olimpíada de 1984. Já fiz ligações frias para todos os escritórios no centro de Charlotte, já fiz ligações frias para os presidentes das 500 maiores empresas da revista *Fortune* e concluí a venda. Fiz vendas de 1 dólar e vendas de 1.000.000 de dólares. Sou um vendedor que está nas ruas há quase cinquenta anos. Às vezes de cabeça erguida, às vezes de cabeça baixa.

Amo vender.

"Saves Moves" (a minha coluna semanal) saiu pela primeira vez no *The Charlotte Business Journal* em 23 de março de 1992. Foi um sucesso instantâneo. Logo chegou a Dallas, Atlanta, Denver, Washington, Filadélfia e a mais 75 cidades. Mark Ethridge, editor do *Charlotte Business Journal*, jornalista com prêmio Pulitzer e meu amigo e incentivador, disse que publicar Sales Moves foi sua decisão de marketing mais impactante em 1992. Isso foi há mais de 1.200 colunas! As pessoas começaram a ligar e escrever, e ainda ligam e escrevem no mundo inteiro. Jornais querendo publicar a coluna. Leitores me agradecendo por ajudá-los a vender. Descobri que vendedores penduravam a minha coluna semanal na parede do escritório. Copiavam a coluna e a distribuíam. Mandavam para amigos e colegas de outras cidades. Usavam a coluna para liderar reuniões de vendas.

E ainda fazem tudo isso.

Fazer logo essa merda por acaso

TY BOYD e o nascimento do FaxBack

SUCESSO ACIDENTAL: Em 8 de novembro de 1992, escrevi uma coluna baseada num seminário a que tinha assistido uma semana antes, apresentado pelo meu mentor e amigo íntimo Ty Boyd. No fim do texto, escrevi: se você quiser as *51 maneiras de se aproximar do seu cliente*, de Ty Boyd, mande as palavras TY BOYD escritas em seu papel timbrado para o fax (número) e lhe mandarei as 51 maneiras por fax.

Recebi mais de trezentos faxes no primeiro dia. Uma das máquinas de fax do *Business Journal* quebrou, e eles quase perderam o prazo de impressão (não havia PDF em 1992). No total, mais de mil faxes foram recebidos naquela semana, e nasceu o *faxback*.

A partir daquele momento, acrescentei o *faxback* a todas as colunas e, além das oportunidades de venda, isso foi um aspecto importantíssimo da minha escrita. Milhares de leitores meus liam a coluna até a última frase e, então, agiam. Nos dez anos seguintes, até o PDF dominar, recebi mais de 100.000 *faxbacks*.

EPÍLOGO DE TY BOYD: A coluna sobre Ty Boyd rodou o mundo inteiro. Recebi faxes durante anos. Até hoje, mais de 24 anos depois, ainda recebo pelo menos um fax por ano com as palavras "Ty Boyd" escritas.

O poder da palavra escrita, da constância e da produtividade

Minha filha Stacey comprou um carro em Charlotte. Todo mundo na concessionária lê a minha coluna. Quando ela foi (sozinha) ao escritório fechar a compra, eles disseram: "Vamos lhe oferecer a melhor oferta do ano, porque não queremos que o seu pai escreva nada de ruim sobre nós."

A minha visão estava correta; no primeiro dia em que escrevi a minha coluna semanal, soube que escreveria um livro. Era uma evolução natural. Ty Boyd sugeriu a mesma coisa. Incentivo é importantíssimo para um vendedor. Sou grato pelo incentivo dele.

Não se esqueça: eu era dono de todas as empresas para as quais vendia. Comecei o meu treinamento de liderança como líder (e principal vendedor) das minhas próprias empresas. Quando comecei a palestrar e dar assessoria, falei com todo tipo de líder e empreendedor. Durante mais de 25 anos, fiz mais de 250 seminários públicos sobre gestão e liderança de vendas. Entendo EXATAMENTE o que é necessário para encontrar, contratar, treinar e ajudar vendedores a terem sucesso. Amo liderar.

E sei como *fazer logo essa merda*.

Hoje, 27 anos e 1.200 colunas depois, a minha coluna semanal já saiu em jornais de negócios impressos e edições online toda semana, de Perth a Peoria, da Polônia a Pretória, de Filadélfia a Paris.

O material que uso é meu. Aproveito os meus 45 anos de experiência em vendas, 16 deles em consultoria, 20 dos quais incluíram mais de 2.000 apresentações de palestras no mundo todo. Escutei milhares de horas de gravações, fitas, CDs e arquivos de áudio. Li tudo o que consegui encontrar. Gravei mais de mil horas de treinamento, livros e textos e, ao mesmo tempo, assisti a centenas de vídeos antigos. Compareci a todos os seminários que o tempo me permitiu.

A minha missão é aprender enquanto ensino. Busco aprender algo novo todos os dias.

Continuo a escrever para oferecer informações que vendedores, líderes de vendas, donos de pequenas empresas e prestadores de serviço possam usar para vender mais aí pelas trincheiras. A minha presença e alcance online exacerbaram a minha distribuição. Sei o que os vendedores enfrentam hoje com a internet, os aplicativos, os celulares e o mundo social. Sei que trabalham muito. Sei como pode ser frustrante. Posso ajudá-los e a aos seus líderes a fazer logo essa merda, como ajudo há mais de 25 anos.

Comecei a construção da primeira edição de *A Bíblia das vendas* em agosto de 1993. Depois de incontáveis horas extras no escritório, uma semana em Beech Mountain, na Carolina do Norte, e outra em Hilton Head Island, na Carolina do Sul, com o meu Macintosh, o meu grande crítico, editor e amigo Rod Smith e o meu gato Lito, acabei. Achei que seria moleza. Setecentas horas de trabalho depois... moleza. Seis edições e 24 anos depois, *A Bíblia das vendas* ainda tem muita coisa nova e mantém intata a tradição. É uma verdadeira obra perene. O segundo livro mais perene da categoria "vendas". Amo escrever.

Primeiro livro de vendas mais perene? *O livro vermelho das vendas.*

Vença a *Relutância em ligar* e a *Relutância em conquistar* do mesmo jeito que as obteve

Há um problema imenso nas vendas: a chamada relutância em telefonar — por que os vendedores não dão (você não dá) os telefonemas que sabem (que você sabe) que deveriam dar.

Acho que sou da velha escola que diz "vá lá e faça", mas vamos examinar esse importante problema do ponto de vista do mundo real e acabar com ele...

para sempre.

A relutância é uma forma de medo. Medo do desconhecido, medo de rejeição, medo do fracasso. Medo falso que parece real. A relutância em telefonar para vender, em falar no telefone é uma forma desse fenômeno. A relutância em telefonar é irmã do medo de fracassar — uma irmã fraca.

Eis os primeiros sinais de alerta da *relutância*. Você justifica as suas razões para não ligar para novos possíveis clientes porque:

- Está ocupado demais!
- Já tem clientes que precisam de ajuda.
- Há informações sobre novos produtos aguardando para serem dominadas.
- As aulas educativas que a empresa oferece são boas demais para resistir.
- Está perto demais do feriado ou é logo depois do feriado.
- QUALQUER desculpa: É cedo demais. É tarde demais. Está quente demais. Está frio demais.

Isso soa familiar? Quer entender por que você faz isso? Quer ELIMINAR a sua relutância? Todo mundo tem alguma forma de medo ou relutância. Pessoas como Barbara Streisand e Lawrence Olivier tinham medo de atuar... e atuaram direitinho. Você ficou com RELUTÂNCIA EM TELEFONAR pouco a pouco, um passo de cada vez, um telefonema de cada vez. Vai vencê-la do mesmo jeito. De telefonema em telefonema.

Eis alguns remédios profissionais e pessoais para superar essa doença que aleija o bolso:

Caia na real consigo mesmo. Faça uma lista (de verificação) do que ocorre quando você faz uma ligação de vendas. O que pode acontecer? O possível cliente baterá o telefone, será grosseiro, tem secretária eletrônica, lhe dirá que ligue depois, lhe dará a oportunidade de dizer o que você tem a dizer ou ficará empolgado porque você telefonou. Não se esqueça: nenhuma dessas reações ameaça a sua vida e três das seis são positivas. Uma boa probabilidade.

Verifique a sua atitude e o seu sistema de crenças. O possível cliente consegue "ouvir" na sua voz ou "ver" nos seus gestos o que você pensa da sua empresa, do seu produto e de si mesmo. Antes de começar a ligação, reserve um momento para revisar o valor que ofereceu aos seus clientes e por que gosta do que faz. A sua voz reflete o entusiasmo e a crença que você tem?

Saiba quem eles são e o que fazem. Use a internet para obter informações valiosas sobre o possível cliente e a sua empresa ANTES de dar o telefonema. Estar preparado com informações sobre o cliente aumenta a autoconfiança e vence a RELUTÂNCIA EM TELEFONAR.

Tempo demais gasto na preparação. Você tem de se preparar, mas não a ponto de nunca dar o telefonema. Limite-se a informações da internet, folhetos, concorrência e alguns clientes deles.

Descubra por que o "não" ocorre. Há menos de 10 razões para o "não" ocorrer; uma ou duas delas estão causando a sua relutância. Supere as razões do "não" e a sua relutância vai sumir.

Verifique o seu computador. Use programas de gestão de contatos. Eles lhe permitem manter as ligações em foco. Os dados pertinentes sobre os possíveis clientes são carregados na ficha de cada um e atualizados a cada tentativa ou contato. Um segredo do sucesso é PROGRAMAR ALARMES. Gentilmente, isso força você a lidar com uma ligação ou atividade importante. Use as telas de anotações para registrar as suas ideias e perspectivas para a venda.

Melhore a sua escuta. As pessoas RELUTANTES EM TELEFONAR acham que têm de falar para vencer. Falso. Muitas vezes, a resposta é dada pelo possível cliente — e você passa direto porque está tentando "vender". Experimente perguntar em vez de dizer, entender em vez de responder, escutar em vez de falar.

Saiba por que está telefonando. Você está ligando para marcar uma reunião? Ótimo; faça isso. Não tente assinar o contrato por telefone. Eis algumas maneiras de gerar interesse: citar um exemplo de como você ajudou outras pessoas, contar com entusiasmo que o seu produto ou serviço pode aumentar o lucro ou a produtividade ou fazer uma pergunta sobre o cliente que o obrigue a pensar. Dê ao possível cliente uma razão para dizer sim!

Evite que sua fala soe decorada. Em outras palavras, use as suas próprias palavras e relaxe ao apresentá-las. Entre para o Toastmasters e tenha um choque de realidade.

"Just Do It™" ("basta fazer") é uma frase perigosa. Cadê a preparação? A minha versão é: "Prepare-se e só faça o que ama!"

Eu ia dar retorno, MAS...

"Eu ia ligar para o possível cliente, mas um enorme bicho papão muito mau saiu do meu computador e me mordeu, juro, olhe só a marca."

"Eu ia ligar para perguntar a decisão daquele cara, mas fiquei sem tempo — vou ligar para ele amanhã cedinho — a não ser que tenha aquela reunião com o cara da hipoteca. É, à tarde, com certeza."

"Deixei três recados na secretária eletrônica do cara e ele não me retornou. Não quero parecer chato. Só preciso esperar que ele me telefone. Já fiz tudo o que podia."

Desculpas. Dá vontade de vomitar.

Uma mulher me mandou um e-mail com uma citação que o pai dela lhe passou. "Você pode dar desculpas ou ganhar dinheiro, mas não os dois ao mesmo tempo."

A Relutância em Telefonar é uma doença mental dos vendedores que provoca desculpas, tanto para si quanto para os outros (em geral, chefes).

Há um velho ditado nas vendas: A porta mais difícil de abrir é a do carro. A chamada relutância em telefonar está sujeita ao debate: será mesmo um problema ou só a máscara de uma questão mais profunda? Coisas como medo de rejeição, falta de preparação ou falta de crença no produto. Esses são problemas reais. Acho que a relutância psicológica é irreal.

Acabei de lhe dizer o "porquê"; agora gostaria de lhe dizer "por quê", "como" e "como fazer". Eis algumas ideias para superar essa doença que aleija o bolso:

Você sabe o que o cliente quer? Quando tem conhecimento total do que o cliente quer, você pode ligar com confiança — ou, melhor ainda, ligar com uma ideia ou conhecimento total de como ajudar.

Você tem um relacionamento com o cliente? Se tiver, você pode ligar e falar sobre QUALQUER COISA. Eles vão apreciar bastante coisas que os ajudem a lucrar e vencer.

Reluta em fazer ligações frias? Se for uma ligação fria, é preciso ter uma razão além de lhes vender alguma coisa. Comece com um roteiro baseado em valor. Sinta-se à vontade. Depois, complete com os seus pensamentos inovadores.

Escreva POR QUÊ. Por que não e por que deveria. Reforce a sua crença positiva passando à ação.

Escreva as recompensas do sucesso. O que acontece se você receber um "sim"?

Prepare-se com antecedência para o "não, obrigado". Diga ao possível cliente porque você TORCIA por um não: porque daí vieram os seus melhores clientes.

Decida que respostas quer. Você quer: Marcar uma reunião? Obter a resposta a uma proposta? Ter permissão para mandar um orçamento? Descobrir quem toma as decisões? Saiba qual é o seu objetivo antes de pegar o telefone.

Converta as informações deles em ideias que você acha que eles podem usar. Quando passar pela porta deles ou ligar para eles com perguntas E respostas, converta o dreno de energia do medo num ar de autoconfiança — e poupe a sua energia para os aspectos positivos da venda.

Crie tempo e marque o tempo. Separe um tempo na sua agenda para dar telefonemas. Das 8 às 10 da manhã, todo dia. Estabeleça padrões mínimos de sucesso (marcar uma visita por dia, dar quatro telefonemas de

acompanhamento, fazer uma venda) e não desista até atingi-los.
DICA: Talvez você tenha de fazer hora extra.

Transforme num jogo. W. Clement Stone, o grande motivador, editor da *Success Magazine* e fundador da Combined Insurance, exigia que, ao começar o dia, os seus vendedores pusessem vinte pedrinhas no bolso direito. A cada ligação de vendas, eles passavam uma pedrinha para o bolso esquerdo. Ele não deixava que parassem de vender naquele dia até todas as pedrinhas estarem no bolso esquerdo. Experimente isso com notas de vinte. Pague-se a cada ligação BEM-SUCEDIDA.

Pense sim em vez de temer o não. Obtenha um pequeno sim por acreditar que conseguirá e pedindo: permissão para mandar algo antes da visita, a promessa de um retorno, o nome do tomador de decisões, qualquer coisa que seja um "sim". Pense que conseguirá, peça e obterá o que está pensando. A "Pequena Locomotiva" fez isso.

Veja o "não" de outra maneira. Pense no "não" de um jeito novo. Posicione o "não" na sua mente como "não é muita coisa" ou "ainda não". Pense no não como o portal para o sim. Não se esqueça de que, em média, um vendedor precisa de sete tentativas para fazer um contato ao vivo, portanto não desista! Leve o "não" a sério, mas não pelo lado pessoal.

Recompense-se todo dia. Mantenha as suas metas visíveis e se recompense quando forem atingidas. Nada como um merecido café com creme!

Inverta o processo na mente. Tente fazer o possível cliente se capacitar para você, em vez do contrário. Se sentir a RELUTÂNCIA EM TELEFONAR chegando, comece o processo de inversão na mesma hora. Acredite em si, motive-se para agir e visualize o sucesso que virá. Reveja antigos sucessos para dar autoconfiança ao presente e garanta o sucesso futuro.

"Se tem medo de ser derrotado pela concorrência, eis a fórmula... Concorrência não significa guerra, significa aprender, significa preparar-se, significa ser o seu melhor."

Jeffrey Gitomer

"Chame a Relutância de sintoma, **NÃO DE PROBLEMA**. Se quer superá-la, descubra a causa (o problema **REAL**) e será o vencedor na batalha de quem (ou o quê) controla a sua mente. E a sua conta bancária.

Enquanto isso, ponha a bunda na cadeira e dê alguns telefonemas."

— Jeffrey Gitomer

REALIDADE FINAL DAS VENDAS:
Se morre de medo de telefonar para vender, saia do ramo.

Socorro! Socorro, estou caindo no buraco, não consigo vender!

Caso você não tenha notado, a economia não está mais passando mal. E o choro universal dos vendedores que não vendem o suficiente ainda é: É A ECONOMIA!!

Está no buraco? Sem vendas suficientes (ou sem nenhuma)? Está se sentindo incapaz de sair dessa? É a economia ou é VOCÊ?

Talvez o buraco não seja tão grande assim, mas você não consegue cumprir as cotas. Sejamos gentis e chamemos isso de "vendas abaixo da expectativa".

Não entre em pânico.

Não force demais a barra.

Não desconte em você.

Não fique puto.

E, acima de tudo, não desista.

Tudo bem, tudo bem, há uma desaceleração. Não seja rápido demais para atribuir a "isso" a sua falta de desempenho antes de dar uma boa olhada em "você".

Dê uma olhada mais atenta no "buraco" antes de culpar a "economia". Eis as principais causas de queda nas vendas:

Mau sistema de crenças. Não acredito que a minha empresa ou o meu produto sejam os melhores. Não acho que eu seja o melhor.

Maus hábitos de trabalho. Chegar atrasado ao trabalho em cima da hora. Não passar o seu tempo com pessoas que possam dizer "sim".

Percepções erradas que tornam as uvas verdes. Acho que o meu preço é alto demais ou que o meu território é ruim. Ou a pior concepção de todas, a crença de que você está se tornando uma mercadoria.

Pressão externa. Causada por problemas de dinheiro, problemas familiares ou problemas pessoais.

Maus hábitos pessoais. Bebida demais, comida demais, diversão demais tarde da noite.

Chefe que faz merda em vez de dar apoio. Alguém que diga "É *melhor* você fazer", em vez de "Eu *sei* que você consegue".

Eventos que vão contra você. O vendedor novo que o ultrapassa, outra pessoa é promovida e você sabe que deveria ser você.

O cliente cancela um grande pedido. Enfraquece a sua crença pessoal ou provoca problemas graves de dinheiro — ou ambos.

A concorrência baixa o preço e rouba o pedido. Essa é a nova realidade dos negócios.

Ficar deprimido. Por qualquer razão acima.

Quando está no buraco, você começa a pressionar para conseguir pedidos em vez de usar o melhor plano (que é: "vender para ajudar o outro" e permitir que a sinceridade dos seus propósitos brilhe). Quando é pressionado para vender, o possível cliente percebe e recua.

Então a situação piora. Você acha que não consegue vender nada e começa a entrar em pânico. Caramba, não consigo vender nada, vou ser demitido, não vou pagar as prestações da casa, não vou pagar as minhas contas... Aaaahhhhhh! Medo falso. Relaxe, você é melhor do que isso.

O que causa o buraco? Você mesmo. Portanto, você é a melhor (a única) pessoa que pode consertá-lo.

Eis uma receita que ajuda a curar vendas doentes:

- **Estude os fundamentos.** Geralmente, o que está errado não é complicado. Na verdade, é provável que você saiba o que está errado. O problema é que você acha que a culpa é de alguém ou de alguma coisa. Errado. Liste duas ou três áreas que precisam de tratamento imediato. Tenha coragem de agir.
- **Reveja o seu plano de sucesso (ou faça um novo).** Hoje.
- **Liste cinco coisas que você poderia fazer para trabalhar mais E com mais inteligência.** Faça um plano para trabalhar com tanta inteligência quanto acha (ou diz) que tem. O trabalho duro pode mudar a sua sorte.
- **Mude a sua apresentação.** Experimente uma abordagem diferente. Adote o ponto de vista do cliente.
- **Converse com os seus cinco melhores clientes.** Peça-lhes que avaliem a sua situação.
- **Peça a alguém que você respeita que avalie a sua apresentação.** Leve a pessoa com você nas visitas de vendas. Arranje um coach.
- **Visite o seu mentor.** E tenha um plano novo para discutir quando chegar lá.
- **Chegue ao trabalho uma hora antes de todo mundo.** Dedique mais tempo produtivo.
- **Fique longe de gente reclamona.** Não piore o buraco se queixando ou andando com um monte de pessimistas e fracassados.
- **Conviva com gente positiva e bem-sucedida.** A melhor maneira de chegar ao sucesso.
- **Divirta-se.** Vá a uma apresentação humorística, faça um pouco mais do que mais gosta de fazer (a menos que o excesso de diversão seja a causa do seu buraco).
- **Passe meia hora por dia (pela manhã é melhor) lendo sobre a sua atitude positiva.** Depois, no carro, escute podcasts e áudios sobre vendas e atitude TODOS OS DIAS.

- **Ouça a sua música favorita logo antes da apresentação.** Vá para a próxima visita cantando.
- **Tire um dia de folga.** Esfrie a cabeça, faça um balanço, elabore um plano, reorganize-se, reabasteça e volte com determinação renovada e mais energia.
- **Rearrume a sua sala.** Sacuda um pouco as coisas, faça parecerem novas.
- **Grave as suas apresentações ao vivo.** Imediatamente depois, ouça no carro. Faça anotações. Aja para corrigir.
- **Grave a sua apresentação em vídeo.** Assista com outros que possam lhe dar um feedback construtivo.
- **Leve nas suas visitas do dia o melhor vendedor que você conhece.** Peça uma avaliação escrita depois de cada visita.
- **Leve o seu chefe com você nas visitas da semana.** Você receberá feedback até não aguentar mais, mas vai ajudar.
- **Fuja de conversas negativas e de pessoas negativas como o diabo da cruz.** Encontre pessoas que incentivem, não que vomitem em você.
- **Torne-se mais valioso para os seus clientes.** Mande-lhes um e-mail semanal de valor (pode ser o mesmo para todos). Publique diariamente uma mensagem inspiradora ou valiosa.

Outras anotações aleatórias sobre a verdade dos buracos:

A melhor maneira de sair do buraco é examiná-lo a distância. Depois de aceitar o fato de que consegue mudar a situação, você pode começar a se recuperar. Fique frio; você é o maior, se acha que é. Acredite na pessoa mais importante do mundo: você.

Pense nisso:

Quando está num buraco como rebatedor, o jogador de beisebol fará qualquer coisa para "mudar a sorte": da superstição (pé de coelho, não fazer a barba, usar a mesma cueca) até mudar a postura com o taco, assistir a vídeos, arranjar mais um treinador. Mas a única coisa que costuma romper o buraco é treinar mais com o taco para recuperar o desempenho.

Fundamentos, meu velho.

Eles, como você, têm capacidade profissional, mas a perderam temporariamente. Eles, como você, voltaram aos fundamentos brutos para recuperar o talento perdido. Simples, não Fácil.

"Se alguém é tão pouco apegado à sua ocupação que é fácil induzi-lo a abrir mão dela, pode-se ter certeza de que essa pessoa não está no lugar certo."

Orison Swett Marden
Do livro
He Can Who Thinks He Can, 1908

Economia boa ou ruim? Qual é a situação REAL?

Últimas notícias! Você já soube? A economia melhorou! Ou piorou?

REALIDADE:

A economia subir ou descer não é nada comparado à SUA economia!

Seja qual for a situação do seu setor, a situação do seu mercado ou até a situação das suas vendas, como vendedor quero olhar o cenário maior. Quando vê o cenário maior, a gente consegue criar mais, mesmo quando o mercado diz *menos*.

Antes de tentar mais uma venda, antes de visitar o próximo cliente, quero que você olhe o mundo real para ter ideias reais e respostas reais. Ideias e respostas para os seus clientes, para as suas vendas e para você.

Vou ser mais específico. Quero que você olhe e defina o **seu** mundo real e o mundo real **deles**.

A seguir, uma estratégia de vendas real que você pode usar sempre:

- **É diferente de tudo o que você já viu ou usou.**
- **É melhor do que tudo o que você já viu ou usou.**
- **É menos manipulador do que tudo o que você já viu ou usou.**
- **É mais fácil de implementar do que tudo o que você já viu ou usou.**
- **É mais poderoso do que tudo o que você já viu ou usou.**

Há ZERO decoreba de um processo. Nada daquele velho lixo de apresentar-sondar-superar objeções-fechar a merda. Nada de "achar os pontos críticos", nada de "desafiar o comprador". Essa estratégia você pode usar agora mesmo — e para sempre — em qualquer economia.

Ela se divide em quatro partes. Situação. Oportunidade. Objetivo. Resultado.

SITUAÇÃO. Antes de visitar qualquer cliente, você tem de saber qual é a **situação total** para entendê-lo, relacionar-se com ele, ajudá-lo, servi-lo e vender. Nessas ocasiões, vender pode ser o último item da lista.

Vou definir SITUAÇÃO TOTAL. Não cometa o erro fatal de só definir a sua situação. A situação tem quatro partes.

A sua situação. A situação da sua empresa. A situação do seu cliente. E a situação do mercado.

O que você está definindo é: o que existe agora, a situação presente. E, aliás, depois de definir a situação, você começará a ter clareza da situação e clareza da mente. Isso lhe dirá onde você está e onde está todo o resto NESTE MOMENTO.

E você precisa escrever a situação presente. Escrever esclarecerá a situação para você e servirá de trampolim para providências que você precisa tomar para o seu cliente, para vencer nesta época — e em todas as épocas.

O problema é que você pode estar em pânico, talvez até sendo empurrado, para VENDER MAIS AGORA. Isso significa que você tem de escolher: entrar em pânico ou preparar-se. A minha estratégia é "preparar-se". É um pouco mais lenta, mas MUITO MAIS SEGURA.

Depois de descrever a situação inteira, agora comece a procurar **oportunidades**.

OPORTUNIDADE. Quais são as oportunidades para o cliente, para a sua empresa e para você? Há alguma oportunidade para você obter um percentual maior dos negócios do cliente? Há alguma oportunidade de o cliente vender mais para pagar as faturas mais em dia? Há alguma oportunidade de mercado que o cliente não esteja vendo por se concentrar mais nas dificuldades e na concorrência e não nos seus pontos fortes?

Sejam quais forem, assim que identificar todas as oportunidades e tiver clareza da situação, então, **e só então**, você pode começar a descrever o que pretende fazer ou realizar: **os seus objetivos**.

OBJETIVOS. O seu objetivo pode ser simples como fazer os clientes pagarem em dia as faturas atrasadas. O seu objetivo pode ser dobrar os seus negócios com esse cliente. O seu objetivo pode ser ajudar o cliente em épocas difíceis. O seu objetivo pode ser ampliar o seu relacionamento com esse cliente para que ele o indique a outros clientes. O seu objetivo pode ser fechar a venda agora mesmo. Você pode ter vários objetivos.

Sejam quais forem os objetivos, eles têm de ser declarados com clareza e definidos por escrito.

E, POR FAVOR, não confunda objetivos com metas. Estou lhe pedindo que descreva o que você **tem a intenção** de fazer para ajudar o cliente, conseguir mais negócios com ele, obter mais indicações do cliente e tornar o relacionamento com ele financeiramente compensador.

> **Depois de esclarecer e entender a situação, identificar oportunidades e escrever os seus objetivos, veja bem se são congruentes com as suas intenções.**
>
> *Jeffrey Gitomer*

Quando o mercado está volátil ou incerto, todos os fatos definidos vão ajudá-lo a pensar com mais clareza, agir de forma mais direta e ter mais sucesso.

RESULTADO. O que acontece DEPOIS que o cliente assume a responsabilidade e o modo como você entende que isso influencia a compra em si. Principalmente o preço.

Agora, vou desafiar você numa questão de habilidade. Depois de escrever esse plano — situação, oportunidades, objetivos, intenções e resultado desejado —, desafio você a revelar essas ideias ao cliente para que ele tome consciência de como você é sério, profissional e seguro ao construir o relacionamento, ajudá-lo, fornecer valor, tornar-se um assessor de confiança e construir a sua empresa.

Isso dará paz de espírito não só ao cliente, mas a você também.

Esses elementos, além de destacar você dos concorrentes, que nesse momento meramente tentam vender e receber, também construirão o seu relacionamento na época mais difícil, e quando a situação melhorar (e sempre melhora) você terá conquistado o negócio e a lealdade que merece.

Free GitBit... Tenho mais uma estratégia poderosa para vencer dificuldades. Se quiser, vá a www.gitomer.com e escreva OPPORTUNITY na caixa do GitBit.

"O mundo abre caminho para o homem com ideias."

Orison Swett Marden
Do livro
He Can Who Thinks He Can, 1908

> "Acorde e sinta o cheirinho do sucesso... Depois, faça algo a respeito."
>
> Jeffrey Gitomer

CONQUIST* AGORA

Use o seu poder pessoal de fazer logo essa merda

Todo mundo tem poder. A maioria não percebe, não se aproveita dele ou prefere (por alguma razão fraca) não usá-lo. Qual é o seu?

O propósito deste livro é lhe dar clareza, visão, incentivo, estímulo e exemplos do seu poder de produtividade e do seu poder pessoal, para que você possa colocá-los em ação e se tornar mais feliz, mais bem-sucedido e com mais alguma grana no bolso. MAS NÃO POSSO OBRIGAR VOCÊ A AGIR. Isso cabe a você.

Eis uma lista ótima dos seus poderes pessoais. Leia duas vezes e faça uma listinha dos que você acha que mais podem ajudar NA SUA SITUAÇÃO ATUAL. Mas observe que esses poderes são para você usar para sempre, não só por hoje.

1. O poder da atitude positiva. A atitude é uma parte IMENSA da sua vida, e a atitude positiva é fundamental e básica para o sucesso.

2. O poder das ações diárias de atitude. São as ações que você realiza tanto a seu favor quanto a favor dos outros. Não são só positivas, são poderosas. As ações de atitude criam ações de produtividade.

3. O poder da crença. A crença em si e a crença em para quem você trabalha, no que está fazendo e na capacidade de se diferenciar dos colegas e concorrentes criam as quatro pedras angulares que permitem a transferência da sua crença aos outros.

4. O poder da autoconfiança. O poder da autoconfiança vem de pensar nas vitórias passadas, nas conquistas passadas. Esses pensamentos aumentam a sua confiança interna e se manifestam na aparência de autoconfiança.

5. O poder de pensar SIM! A diferença entre pensar que pode e pensar que não pode determinará resultado e destino. **SEGREDO:** Pense sim para receber sim.

6. O poder de manter o controle da conversa. A maioria tem pouquíssima ideia do que é necessário para manter o controle da conversa. A resposta é uma palavra: PERGUNTE. Quando pergunta, você está no controle da conversa. Quando alguém lhe faz perguntas, você abriu mão do controle. O controle mantém você no caminho de obter o que quer ou precisa. Quer mais controle? Fácil! Faça mais perguntas.

7. O poder da preparação. A maioria comete o erro fatal de só se preparar em termos de si mesmo, quando, na verdade, *a outra pessoa só se preocupa consigo mesma.* Ela quer ideias, valor e respostas, não a sua retórica enlatada nem a sua exibição de slides. Ela quer saber como ELA ganha. Por que não gastar o dobro do tempo se preparando em termos da outra pessoa? REGRA INQUEBRÁVEL DO SUCESSO: A preparação determina o resultado.

8. O poder da criatividade. A criatividade é uma ciência, e você pode aprendê-la. Ela se baseia no ponto de vista pelo qual você enxerga as coisas. E, quando começa a ver as coisas de um jeito um pouquinho diferente dos outros, você se torna mais criativo. Os outros estão interessados em por que e como você é diferente do resto. A criatividade deixa isso evidente. Comece lendo um livro a respeito.

9. O poder de ser memorável. Durante anos, eu disse: "Procure algo pessoal. Faça algo memorável." Trata-se de um ato aleatório de gentileza que tenha um gatilho emocional no coração do outro. Seja o que for, tem de se relacionar com a outra pessoa e a sua paixão. Seja o que for, precisa ter um impacto daqueles.

10. O poder do valor. O meu mantra é: "Dê valor primeiro". Desse jeito, a outra pessoa forma uma impressão sua ao mesmo tempo positiva e poderosa. Quanto mais valor oferecer, mais poderoso você ficará, mais conquistará e mais sucesso terá. E, só para entendermos a palavra valor, ela é sucedida pela palavra "percebido". Se a outra pessoa percebe valor, então é.

11. O poder do exemplo com identificação. Por favor, não me diga como algo funciona. Em vez disso, me diga como alguém está usando isso e, em consequência, ganhando agora mesmo. Mostre provas concretas. Mostre o beabá.

12. O poder da verdade. É triste ter de escrever sobre isso. O caráter evasivo da verdade provoca a perda de mais acordos comerciais e mais relacionamentos por falta da verdade do que por falta da franqueza básica. A verdade começa com você.

13. O poder da confiança. A confiança se constrói devagar, ao longo do tempo, com ações constantes baseadas em valor. A confiança se perde num minuto por incoerência, ações inadequadas, inverdades ou pelo não cumprimento de promessas.

14. O poder do serviço. O poder do serviço é percebido por ações, não por declarações nem anúncios falsos. Não há poder nenhum em me dizer que seu serviço é ótimo; há poder total em cumprir isso, e há poder ENORME em levar os seus clientes ou outras pessoas a falarem disso, *se gabarem disso*, nas mídias sociais.

15. O poder do relacionamento. Em relacionamentos reais, não há hesitação para dizer a verdade nem para ser o melhor possível para os outros. Os relacionamentos se baseiam no valor mútuo oferecido, na lealdade mútua trocada, na simpatia, na verdade e na confiança construídas lentamente com o tempo. Reserve um momento agora mesmo e liste as dez pessoas que estão nessa categoria. Se forem menos de dez, o seu poder não está nem perto do que poderia ser.

16. O poder da lealdade. A quem você é leal? A um time? Uma escola? A família? O cônjuge? Um emprego? Uma marca? Um produto? Uma empresa? E quem é leal a você? A lealdade não é só uma ação, um pedaço de pano ou algumas palavras; a lealdade é um sentimento e uma virtude. É paixão, boca a boca e mouse a mouse. No caso da família, a lealdade é uma bênção. Defino os clientes leais de duas maneiras: se o cliente fará negócio comigo outra vez e se me recomendará a alguém. Muitos clientes podem nunca ficar satisfeitos, mas continuam a fazer negócios com você. Isso é lealdade. A repetição dos negócios e as indicações não solicitadas são o boletim que mostra que tudo no relacionamento está excelente. Não se esqueça de que os clientes leais também são os seus clientes mais lucrativos. **Se procura exemplos de lealdade, não precisa procurar além dos seus pais ou do seu cachorro.**

17. O poder da sua reputação e marca social. As mídias sociais E a presença no Google não são mais uma opção. E a parte mais poderosa disso é o fato de que os seus amigos, familiares, clientes e pessoas do mundo inteiro podem interagir pessoalmente com você pela internet. Têm acesso à sua página no Facebook. Podem tuitar sobre você com uma *hashtag*. Podem postar no YouTube um vídeo sobre como você é incrível. As mídias sociais podem fazer a sua fortuna ou lhe custar uma fortuna. Tudo depende do que você escreve, do que publica, do modo como reage e da velocidade da sua resposta. Hoje, o Facebook é o maior país do mundo. Torne-se um cidadão baseado em valor.

18. O poder da prova. Quando você dá declarações ou faz afirmativas a seu respeito, você se gaba. Quando outra pessoa diz a MESMA COISA sobre você, é uma prova. A prova constrói reputações, é uma ferramenta de vendas e reforça a crença de todos na sua rede de que você é quem diz ser e que faz o que diz que fará.

19. O poder e a alegria da rejeição. É espantoso o que se pode aprender quando alguém nos diz não. Muito mais do que quando nos dizem sim. Nos dois casos, é preciso entender "por que" o sim ou o não ocorreram. Comemore o não do mesmo jeito que comemora o sim. Ele o ajudará a entender por quê e, em última análise, causará mais sim. O poder da rejeição e de aprender com ela é a base da sua resiliência e do seu sucesso.

20. O poder, a alegria e a comemoração da vitória. A atitude YES! Quando termina uma tarefa. Quando consegue o que quer. Quando vence um jogo. Quando conquista ou adquire o que espera. VOCÊ SE SENTE ÓTIMO; COMEMORE. Nas vendas, nada é melhor do que vender. O poder vem um minuto depois da comemoração. E, quando conquistar ou vencer, será o momento PERFEITO para começar a planejar e conquistar a próxima tarefa, trabalhar no próximo projeto ou fazer a próxima venda. A maioria para depois de uma vitória. Grande erro. A sua assertividade e poder de conquista estão em alta rotação, o seu sistema de crenças está em alta rotação e a sua atitude positiva, está em alta rotação. Depois de aprender que a melhor hora de conseguir algo é logo depois de ter conseguido algo, você estará no caminho do genuíno sucesso e realização. É isso que significa fazer logo essa merda.

20,5 O poder da oportunidade. A percepção mais importante na vida é a *oportunidade* que você se dá. Você não tem um emprego. Você tem uma oportunidade. Uma oportunidade de ganhar enquanto aprende. Uma oportunidade de ganhar com base nos seus resultados. E uma oportunidade de crescer sem limites. Se olhar o seu cargo atual como uma oportunidade, todas as barreiras e todas as negativas cairão no acostamento, enquanto você se desafia para ser o seu melhor, sejam quais forem as circunstâncias, seja qual for o seu chefe, seja qual for o mercado e seja qual for qualquer obstáculo no seu caminho. Desafio você a tirar total vantagem das suas oportunidades.

OBSERVE BEM: Esses poderes não funcionam sozinhos. Na verdade, atuam em harmonia uns com os outros. Um poder só não o fará chegar ao ápice. É importante conhecer todos eles e igualmente importante executá-los todos no nível mais alto.

> **Produtividade e conquista são projetos vitalícios, não só listas de "afazeres". Os poderes pessoais permanecem com você durante uma vida inteira de sucesso e produtividade.**
>
> *Jeffrey Gitomer*

Free GitBit... MAIS PODER: Criei uma página de ideias para fazer a sua atitude andar na direção certa. Não dá para começar o processo de conquista sem uma Atitude Positiva! Se gostaria de ver a lista, visite www.gitomer.com e digite as palavras ATTITUDE STARTERS na caixa GitBit.

AA no século XXI: Ações para Avançar.

Junho de 2019 marcou o início do meu 26º ano escrevendo. Todo dia. Novos pensamentos, ideias e estratégias — todo dia. Mais de um milhão de palavras.

"Como você faz isso?", alguém me perguntou. "Não faço ideia. Presto atenção ao que está em volta, trabalho muito, e tenho ajuda de cima. Amo o que faço, e..." Ops! Agora estou procurando papel e caneta o mais depressa possível, porque essa resposta é a semente de outra postagem no blog... na verdade, desta lição.

De onde vêm as ideias? Elas só aparecem: conversas casuais, perguntas feitas, observação das ações das pessoas e a vida em geral — experiências cotidianas. Meu trabalho de escritor é captar as ideias e expandi-las a partir da minha experiência. Não é mágica; é só consciência, capacidade de ver além do evento e desejo de "fazer".

De onde vêm todas essas ideias?

Bom, enquanto pensava na minha resposta, a lista ficou mais clara.

E também a raiz do processo. Sou um realizador. Não comecei assim. Aprendi a realizar e, conforme crescia, percebi que queria realizar. Ainda quero, mais do que nunca.

"Jeffrey, preste atenção!"

Talvez a lição mais valiosa que me ofereceram na escola. Mas, na época em que a recebi, eu estava me comportando mal, com vergonha, zangado ou em algum outro lugar da mente, devaneando. Péssimo para mim.

"Prestar atenção gera novas ideias.

Prestar atenção é um dos passos fundamentais da conquista. Até que ponto você é um realizador?

Quer realizar mais? Quer a fórmula?

Bom, não há fórmula... mas há elementos a dominar..."

Jeffrey Gitomer

Eis uma lista dos 22,5 elementos, conceitos, ações, pensamentos e filosofias que me permitiram conquistar. As perguntas no fim de cada elemento foram pensadas com um único propósito: fazer você pensar se está no SEU caminho de conquistar... O SEU caminho de fazer logo essa merda...

Como conquistar

(Marque os quadradinhos que se aplicam a você.)

☐ 1. **Ame-o ou deixe-o.** A vida é curta demais para você não amar o que faz. E detestar o que faz bloqueia todas as probabilidades de sucesso. Se ama, você amará trabalhar nisso. Se odeia o que faz, você arranjará todas as desculpas do universo para explicar por que tudo no mundo está errado, menos você. *Você ama o que faz?*

☐ 2. **Remova os padrões de pensamento destrutivos se quiser avançar.** As maiores barreiras à conquista são aquelas que você ergue à sua frente. Pense "como fazer" em vez de "não consigo". *Como você pensa?*

☐ 3. **Prolongue a emoção do trabalho de última hora. Parece que muito trabalho é feito "na última hora".** Alguns lamentam, outros adoram. Eu adoro. *E você? Fica nervoso quando está com pressa ou adora correr?*

☐ 4. **Marque hora para o seu sucesso.** Use a sua agenda para escrever a data em que conquistará. A melhor hora marcada é com você mesmo. Não só uma hora para COMEÇAR; uma hora para COMPLETAR. Dê uma olhada na agenda agora mesmo. *Quantas horas você marcou consigo mesmo?* **RESPOSTA:** Não o bastante.

☐ 5. **Crie um "ambiente de sucesso".** Um lugar onde só coisas positivas aconteçam. Um quarto. Uma mesa. Uma cadeira. Tenha na vida um espaço onde toma providências para conquistar. *Você tem um espaço de sucesso?*

☐ 6. **Tenha consciência do tempo. Gente demais é "ocupada demais" para conquistar.** A definição de "ocupado demais" é "desculpa esfarrapada". Sofrendo com escassez de tempo? Opere-se: remova cirurgicamente o controle remoto da televisão. Isso libertará horas. A menos que você seja um dos poucos afortunados que ganha dinheiro assistindo a reprises na TV. *Você está gastando tempo ou investindo tempo? Quanto tempo você INVESTE em você?*

☐ 7. **Seja apaixonado nas suas iniciativas.** A paixão pela conquista é contagiosa; você acende o seu próprio fogo e atrairá mais apoio dos outros passando-lhes o seu fogo. *A sua paixão é evidente para você e para os outros?*

☐ 8. **Quer ser o melhor.** Desenvolva uma missão pessoal que transcenda a missão corporativa. Saiba para que está trabalhando e por quê trabalha para isso. E resolva que o dinheiro NÃO é a meta. MELHOR é a meta.

☐ 9. **Procure a sua torcida.** É mais fácil e divertido quando a multidão está ali atrás, torcendo para que você consiga. Há muita gente que quer que você conquiste. Encontre a sua torcida e depois conquiste os vivas.

☐ 10. **Procure mentores que já conseguiram, ganhe o seu respeito e siga os seus conselhos.** Fui abençoado com mentores. O meu pai encabeça a lista. Mas outros tiveram um papel importante, com a sabedoria simples que é fácil não perceber quando a gente não escuta com atenção. O grande Earl Pertnoy disse: "Antenas ligadas o tempo todo". Para aproveitar uma oportunidade, primeiro é preciso vê-la. As minhas antenas estão sempre ligadas; e as suas? E o grande Mel Green, que um dia me contou o segredo do seu sucesso: "O trabalho duro faz a sorte." Desde aquele dia, tenho trabalhado o mais que posso, com mais sorte do que se pode imaginar. Os mentores têm prazer em observar e ajudar você a ter sucesso. Eles o inspiram a agir num nível mais alto. *Quem inspira você?*

☐ **11. Arrisque.** Um elemento importante da conquista é o risco. Você já deve ter ouvido falar: "Sem risco, sem recompensa". Discordo. Digo: "Sem risco, sem nada." Para ter sucesso, é preciso correr riscos. *Os realizadores se arriscam. E você?*

☐ **12. Caia de cara.** O risco pode levar ao fracasso. O fracasso é bom. É uma ferramenta de aprendizado necessária para a conquista. *Você já fracassou o suficiente?*

☐ **13. Conviva com outros realizadores.** Gente que "faz" inspira os outros a conquistar. Quem assiste à televisão, não. *O que você assistiu ontem à noite? O que você conquistou ontem à noite?*

☐ **14. Leia sobre conquistas.** Estude a conquista e outros que conquistaram o sucesso. Conheça as suas principais qualidades e classifique-as em comparação com você. Estudar é uma parte fundamental da sua competência. Para conquistar, você tem de se esforçar para estar um degrauzinho acima de todo mundo. *À frente de quem você está?*

☐ **15. Ignore os pessimistas, os idiotas e os fanáticos.** E eles são muitos. Pessoas que tentarão desestimulá-lo ou transformá-lo num não realizador, como eles. É fácil identificar essas pessoas: elas se embebedam no fim de semana. *Quer outra cereja ou será que você prefere um copo grande de sucesso?* (DICA: Comece a aprender a diferença entre cerveja e champanhe.)

☐ **16. Querer muito.** É melhor descrever como fator "desejo ardente". Olhe as pessoas da sua vida que estão "pegando fogo". Você as chama de "realizadoras". Elas querem, querem muito. Em mim, há sempre um fogo interno ardendo. *Até que ponto você está quente?*

☐ **17. Tenha consciência da intervenção divina (e esteja preparado para ela).** Você tem um anjo da guarda. Ele quer saber se você trabalha com afinco e presta atenção. Vai lhe apresentar oportunidades. A questão não é rezar, é trabalhar até não poder mais e ser uma boa pessoa. E é ser positivo, para que, quando a dádiva chegar, você a reconheça. *Você acredita?*

☐ 18. **Comece hoje.** É facílimo dar uma desculpa a si mesmo. Adiar as conquistas é o jeito mais fácil de fracassar. *O que você está adiando? Por quê?*

☐ 19. **O MAIOR segredo é: a dose diária de conquista.** Dê pequenos passos de conquista TODO DIA. Escrevo todo dia durante uma hora. Em 26 anos, tenho 1.200 colunas, 250 ideias para colunas novas, 2.500 seminários e 16 livros publicados. Os livros têm 90.000 palavras. Não escrevo livros. Só escrevo mil palavras por semana para a minha coluna... o livro simplesmente aparece. *Você já decompôs grandes conquistas em pedacinhos?*

☐ 20. **Alimente-se de conquistas passadas.** Há força na confiança gerada por conquistas passadas. Construa a partir do sucesso passado. *O que você já conquistou até agora?*

☐ 21. **Termine o que começar, mesmo que não poder mais.** O hábito de completar é um dos mais difíceis de obter. É por isso que tão poucas pessoas são realizadoras. Seja conhecido como uma pessoa confiável que faz o serviço. *Você desiste muito?*

☐ 22. **Planeje comemorar no mesmo dia que conquistar.** Recompense-se quando vencer — e não seja miserável. *Comemore muito; é você, baby.*

☐ 22,5 **Pense Positivo.** Você pode escolher o modo como pensa. Tornar-se um pensador do "sim" levará à autorrealização. "Você se torna aquilo em que pensa" (Earl Nightingale). Para mim, é extraordinário quanta gente pensa e fala em termos de NÃO. *Como você pensa? Como você fala?*

Você já teve a melhor lição da vida no livro *The Little Engine That Could (A pequena locomotiva)*. Ele vem dando a primeira lição de conquista e atitude positiva desde que foi escrito em 1937.

A paixão de hoje e a incerteza do amanhã mantêm o meu fogo acesso em "nível de conquista". Sou um órfão de 73 anos. Foi o que me tornei em 1998. As engrenagens da minha alma entraram em sobrecarga permanente.

- **Eliminei da vida o máximo de lixo possível.**
- **Não me queixo do destino; amo o meu destino.**
- **Valorizo o meu tempo.**
- **Acredito em mim.**
- **Eu me divirto com o que faço.**
- **E trabalho com isso todo dia... sem falta.**

Estudo a atitude positiva. Sou mais positivo na minha atitude hoje do que ontem – e tem sido assim em todos os dias dos últimos 46 anos. O compromisso de construir uma atitude positiva é igual ao compromisso de conquistar – diariamente.

Desculpe, tenho de passar fio dental. Ah, se eu pudesse fazer isso com o cabelo.

> "Fazer logo essa merda exige dar passos rumo à excelência, não simplesmente agir."
>
> Jeffrey Gitomer

"Busque a sabedoria de pessoas mais sábias do que você. Devo mais aos meus mentores do que posso exprimir por escrito. O mais importante é que lhes mostrei como foi importante adotar a sua sabedoria e as suas filosofias e pôr os seus conselhos em prática."

Jeffrey Gitomer

SAB*DORIA

As crianças ensinam o valor, o propósito, a surpresa e a sabedoria do UAU!

O mundo é pequeno.

Vinte e cinco anos atrás, conheci Rob Gilbert. Ele editava uma publicação mensal chamada *Bits & Pieces*. Se você for velho, tenho certeza de que já ouviu falar, viu, leu ou talvez até tenha assinado. Se for jovem, procure no Google.

Bits & Pieces era um livreto motivacional, inspirador e informativo que, durante décadas, ajudou pessoas a criar ideias e ver as coisas sob uma luz mais positiva.

Outro dia eu estava olhando o boletim por e-mail de alguém e encontrei esse texto:

UAU!

Então Rob Gilbert conta a história de um passeio no parque. Ele viu uma mulher com a filha pequena. A menina segurava um balão de hélio preso num barbante. Inesperadamente, o vento pegou o balão da menina e o levou embora. Gilbert estava pronto para ouvir a menina cair em prantos.

Em vez disso, se surpreendeu ao ver a menina observar o balão ir embora e gritar, alegre: "Uau!"

Para Rob Gilbert, a reação da menina foi uma lição. Mais tarde, no mesmo dia, diante de um problema, em vez de se planejar para o pior, ele disse consigo: "Uau, que interessante. Em que posso ajudar?"

A vida é cheia de problemas... e soluções. Nunca se pode planejar o inesperado, mas é possível controlar a nossa reação a ele.

Como Gilbert escreveu, "na próxima vez em que sentir uma das lufadas inesperadas da vida, lembre-se da menininha e a transforme numa experiência 'Uau!'. A reação 'Uau!' sempre dá certo."

Que ideia incrível.

E, como eu disse, o mundo é pequeno. Nesse caso, também é um mundo muito afirmativo. Nos cinco primeiros anos depois que me mudei para Charlotte, enquanto construía a minha reputação e capacidade de palestrar, falei de graça em organizações e clubes cívicos. O meu tópico era: "O que aprendemos com os nossos filhos".

A minha palestra dava exemplos de paciência, humor, imaginação, criatividade, persistência, correr riscos, entusiasmo, amor incondicional, fé cega e atitude positiva. Contava histórias verdadeiras das minhas filhas e o que elas me ensinaram com palavras e atos. E sempre terminava com uma citação da autobiografia da minha filha Rebecca, então com 11 anos, que dizia: "Uma coisa muito boa em mim é que sou uma pessoa muito legal e muito positiva, igualzinha ao meu pai." Essas palavras são um dos pontos altos da minha paternidade.

Ler essa frase para a plateia sempre criava uma resposta emocional, mas também me levava ao ápice das minhas emoções internas. Muito poderosa. Muito real. E muito verdadeira.

A lição de Rob é um UAU! por todos os lados. Em primeiro lugar, NINGUÉM reage a um problema ou situação negativa com "UAU"! Quando as coisas dão errado, as pessoas ficam defensivas, procuram um bode expiatório ou, com relutância, buscam alguma solução.

A história e a lição são uma sacada fenomenal e uma inversão total do pensamento — para melhor. É um A-HÁ!, não só um UAU! E é simples de entender e implementar. Você pode começar a fazer isso na sua próxima cagada.

Durante anos, ensinei as minhas filhas e o meu público a dizer "obrigado" em vez de "desculpe". É um jeito positivo e poderoso de se comportar numa situação ou conversa delicada. É uma comunicação positiva que interrompe a negativa. E leva à verdade em vez da desculpa, à responsabilidade em vez da culpa. É a minha versão de uma atitude A-HÁ! e UAU!

Para mim, é interessante que a interpretação tradicional de UAU! foi associada a alguma ação mágica ou evento extraordinário que faz as pessoas dizerem "UAU!" Não mais depois dessa lição.

Agora, UAU! é uma mudança de pensamento e uma mudança do foco mental negativo que força uma resposta ou ação positiva. Se isso não for um UAU!, será o quê? E eis a parte legal: você pode começar a UAU! UAU!

Rob Gilbert criou milhares de *Bits & Pieces*, mas esse está entre os dez mais. Ele passou sete anos no serviço e agora aprimorou as suas ofertas pessoais sobre motivação em GilbertSuccessHotline.Blogspot.com.

Rob também tem a linha telefônica mais motivacional do mundo no *Guinness Book of Records.* Chama-se Success Hotline, o número nos Estados Unidos é (973) 743-4690 e vem transmitindo mensagens de sucesso há 6.201 dias seguidos! UAU! Podcast? É claro: procure Success Hotline com o Dr. Robert Gilbert no aplicativo de podcast.

Free Git Bit... Quando fiz a minha palestra sobre "O que aprendemos com os nossos filhos", também criei algumas regras para ser pai. São curtas, doces, poderosas. Se quiser ler a lista, visite www.gitomer.com, registre-se se for a sua primeira vez e digite as palavras PARENTS RULE na caixa GitBit.

Orison Swett Marden

O fundador da Success Magazine.

Uma breve ideia da vida e da mente de um homem incrível vinda de um colecionador dos seus livros e estudioso das suas obras sobre atitude e produtividade.

Jeffrey Gitomer

É dificílimo encontrar pensamentos originais.

Orison Swett Marden fazia parte de um grupo chamado "The New Thought Movement" — Movimento do Novo Pensamento. Era um grupo espiritual que enfatizava as crenças metafísicas e o desenvolvimento pessoal. Apesar das tonalidades religiosas, tinha como base visão e inteligência infinitas.

Eis um exemplo clássico de Marden: *Não espere oportunidades extraordinárias. Pegue as ocasiões comuns e as transforme em grandes. Os fracos esperam oportunidades; os fortes as fazem.*

Marden foi influenciado e inspirado, como muitos, por Samuel Smiles, um dos escritores originais sobre desenvolvimento pessoal. Smiles é original. O livro *Self Help* (Autoajuda) de Smiles foi o gatilho da carreira de Marden. Citam essa frase sua: "O livrinho foi a fricção que provocou a fagulha que dormia na pederneira". No século XXI, a tradução pode ser "Samuel Smiles acendeu o meu fogo".

No início da vida, Marden encontrou o livro de Smiles por acaso, arrumando o sótão. Tornou-se um evangelizador do livro e de sua própria filosofia do pensamento positivo. Quando procurou mais livros e achou poucos, encontrou a sua missão. Estudar, escrever, publicar, pregar, falar – e, por ser o exemplo vivo dos seus textos, estabelecer o padrão a ser seguido pelos outros.

Talvez você também conheça alguns escritores originais que antecederam Marden. O mais destacado foi William James, fisiologista e pragmatista. James convivia com um monte de gênios, dos quais os mais notáveis foram P. T. Barnum, Mark Twain, Horatio Alger e Sigmund Freud. (Não é um grupo assim tão ruim.)

É mais interessante observar quem seguiu Orison Swett Marden, mais notadamente Napoleon Hill e Dale Carnegie. Esses sujeitos surgiram trinta anos depois que Marden fundou a revista *Success Magazine*, em 1891. Observe também que Napoleon Hill foi um colaborador importante da revista e, no fim da década de 1910 e durante a de 1920, também publicou a sua, chamada *Hill's Golden Rule*. Subtítulo: para os que pensam e querem crescer. (Parece familiar?) Por mais popular que fosse (e é), Napoleon Hill era discípulo e seguidor de Orison Swett Marden.

Marden teve um contemporâneo incrível, Elbert Hubbard. Era comum o trabalho deles sair em outras revistas, mas nunca escreveram nada juntos. Só posso supor que se conhecessem e se correspondessem com respeito pela capacidade mútua. Eram concorrentes no seu tempo. Enquanto Marden escrevia *Pushing to the Front*, Hubbard escrevia *Mensagem a Garcia*. Ambos fundaram publicações próprias. A de Hubbard era a revista *Fra*. Ambos foram escritores excepcionalmente prolíficos. Hubbard e Marden foram considerados os líderes do pensamento da sua época.

Marden expandiu os pensamentos originais de Smiles num grau sem precedentes. Além de escritor prolífico, também foi palestrante, redator, editor, médico e advogado. Os livros de Marden estavam na biblioteca de todos os primeiros grandes industriais americanos. Ele era a palavra ou as palavras de sucesso e espírito.

Orison Swett Marden escreveu mais de sessenta livros num período de trinta anos, sem processador de texto, talvez com máquina de escrever. Também é preciso lembrar que era uma pessoa instruída, formado na Universidade de Boston, no Seminário Teológico de Andover e na Universidade de Harvard, com diploma de Medicina e Direito. Também voltou à escola para dominar as técnicas de oratória. UAU!

Marden teve sucesso em todas as suas iniciativas porque era um estudante que punha os seus conhecimentos em prática. E, pela crença religiosa, literalmente praticava o que pregava. O seu gênio lhe permitiu iniciar empreendimentos comerciais, aproveitar oportunidades editoriais, estudar todos os aspectos da vida e ainda falar e escrever. O seu sucesso veio de pôr em prática de forma positiva e de transformar em conquistas todos esses elementos.

Em 2002, quando escrevi *The Patterson Principles* (hoje intitulado *O livro prata do dinheiro em caixa — din din!*), minha pesquisa me levou a Dayton, Ohio, lar de John Patterson e da empresa que fundou, a National Cash Register Company (NCR). Um livreiro de Dayton entrou em contato comigo e me ofereceu vários livros da biblioteca de Patterson.

Esses livros estavam realmente assinados por Patterson, indicando sua propriedade, e incluíam trechos que sublinhou por achar importante e querer colocá-los em prática. Isso na virada ou perto da virada do século. Do século XX. Comprei num minuto. Tudo bem, em 10 segundos.

Um dos livros que comprei foi *He Can Who Thinks He Can* (*Quem pensa que pode, pode*, na tradução para o português), de Orison Swett Marden, generosamente sublinhado pela mão de John Patterson. UAU!

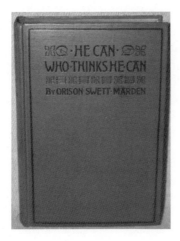 

Orison Swett Marden

NOTA: de 1880 a 1912, quando Marden escreveu as suas obras, era perfeitamente aceitável usar apenas o pronome masculino ao fazer uma afirmativa. Hoje, obviamente, é mais correto usar OS DOIS, ele e ela, mas não quero mudar as palavras do autor. Por favor, não se ofenda com o gênero... **concentre-se na mensagem.**

Eis as citações que Patterson sublinhou pessoalmente no seu livro. Acrescentei os meus desafios a cada uma. Essas poucas citações lhe darão uma ideia do pensamento e da filosofia de Marden. Tomara que lhe deem inspiração para possuir e ler as suas obras. Não se esqueça de que ele escreveu esse livro por volta de 1906, quando Patterson o adquiriu NOVO:

> "É fácil encontrar mercadores bem-sucedidos, mas menos fácil encontrar homens que ponham o caráter acima da mercadoria."
> **Orison Swett Marden**

Procure a si mesmo no Google e descubra o que os outros pensam do seu caráter.

> "A autoconfiança é o melhor capital do mundo. A autodepreciação é um crime."
> **Orison Swett Marden**

Você pode depender de si mesmo?

> "Os maiores inimigos da realização são medo, dúvida e vacilação."
> **Orison Swett Marden**

Troque o medo por empolgação e você conquistará.

> "O homem que aprendeu a arte de
> ver as coisas olha com o cérebro."
> *Orison Swett Marden*

Em que você está pensando?
E como esses pensamentos levam à ação?

> "As pessoas mais instruídas são as que
> estão sempre aprendendo, sempre
> absorvendo conhecimento de todas as
> fontes possíveis e em todas as oportunidades."
> *Orison Swett Marden*

O que você está estudando? Que oportunidades está deixando de ver?

> "As pessoas não percebem o imenso
> valor de utilizar os minutos livres."
> *Orison Swett Marden*

Quando tiver cinco minutos livres,
use seu telefone em prol da conquista, não em joguinhos.

> "Multidões de pessoas escravizadas por
> maus hábitos físicos são incapazes de pôr
> no trabalho o seu melhor eu."
> *Orison Swett Marden*

Quando a sua balança em casa sobe,
a balança das conquistas provavelmente desce.

> "**Toda criança deveria ser ensinada a esperar o sucesso.**"
>
> Orison Swett Marden
> *He Can Who Thinks He Can*, 1908

NOTA:

Essa é uma das citações mais poderosas que já li. Se você tiver filhos, esse deveria ser o seu mantra, a sua paixão e a sua missão para a vida inteira.

Jeffrey Gitomer

> **"A capacidade de julgamento é o seu melhor amigo;
> o bom senso, o seu maior parceiro na vida."**
> *Orison Swett Marden*

*Como a sua capacidade de julgamento e
o seu uso do bom senso afetaram o seu sucesso?*

> **"Não pare de sonhar."**
> *Orison Swett Marden*

Devaneios produtivos criam ideias. Devanear sobre as férias é perda de tempo.

> **"Um teste da qualidade do indivíduo é
> o espírito com que faz o seu trabalho."**
> *Orison Swett Marden*

Como é o seu espírito de trabalho?

> **"Algumas pessoas nunca veem beleza em lugar algum.
> Outras a veem em toda parte."**
> *Orison Swett Marden*

Largue o celular e preste atenção no que há à sua volta.

> "Alguns dos maiores homens da história só se descobriram quando perderam tudo, menos a coragem e a determinação."
> *Orison Swett Marden*

Descubra cedo a sua coragem e determinação e nunca as perderá.

> "A responsabilidade é uma grande fomentadora do poder."
> *Orison Swett Marden*

Seja responsável por si e perante si.

> "Conheço *pessoas* que acreditam em todo mundo, menos em si."
> *Orison Swett Marden*

Se quiser que os outros acreditem em você, você tem de ser o primeiro a acreditar.

> "Se alguém é tão pouco apegado à sua ocupação que é fácil induzi-lo a abrir mão dela, pode-se ter certeza de que essa pessoa não está no lugar certo."
> *Orison Swett Marden*

Ame o que faz ou faça outra coisa.

> "Quase ninguém consegue resolver que
> fará uma grande coisa; só o caráter forte
> e determinado põe essa resolução em prática."
> *Orison Swett Marden*

O segredo da conquista pessoal é a autodeterminação inspirada.

> "O hábito de adiar matará a
> mais forte iniciativa."
> *Orison Swett Marden*

O maior desperdício de tempo no planeta é a procrastinação.

> "O caráter é a maior força do mundo."
> *Orison Swett Marden*

Você desenvolve caráter dia a dia.

> "Nunca se descobriu um substituto
> para a sinceridade."
> *Orison Swett Marden*

Quando diz a verdade, você nunca precisa se lembrar do que disse.

> "A felicidade é uma condição da mente."
> *Orison Swett Marden*

Não se preocupe, seja feliz

> **"A felicidade real é tão simples que a maioria não a reconhece."**
> *Orison Swett Marden*

Comece com o humor e a felicidade virá atrás.

> **"O mundo abre caminho para o homem com ideias."**
> *Orison Swett Marden*

Quando leva ideias à mesa, você leva poder.
Quando leva slides de powerpoint à reunião,
você leva tédio.

> **"Decida que será um homem de ideias, sempre em busca de aprimoramento."**
> *Orison Swett Marden*

As ideias dão valor e criam diálogo.
Os slides são chatos e criam decoreba de vendas.

> **"Não tema ser original."**
> *Orison Swett Marden*

É preciso coragem para sair da matilha. Seja ousado.

> **"Não imite nem os seus heróis."**
> *Orison Swett Marden*

Imitação não é lisonja. Ela só mostra a sua falta de originalidade.

> "O trabalho da sua vida é a sua estátua."
>
> Orison Swett Marden
> *He Can Who Thinks He Can*, 1908

"Nunca se erigiu uma estátua aos críticos, mas aos criticados muitas estátuas foram erguidas. Você tem uma estátua?"

Jeffrey Gitomer

> "A pobreza não tem nenhum valor, a não ser como vantagem na partida."
> *Orison Swett Marden*

Fui rico e fui pobre. Rico é melhor.

> "Não há palavra na língua inglesa mais usada e abusada do que 'sorte'."
> *Orison Swett Marden*

O trabalho duro cria a sorte. Crie a sua.

> "O homem ocioso é como uma máquina ociosa, que se destrói bem depressa."
> *Orison Swett Marden*

Mantenha-se bem lubrificado para sempre funcionar bem.

> "O poder gravita rumo ao homem que sabe fazer."
> *Orison Swett Marden*

Também ajuda saber por quê.

> "Decida que será um homem instruído."
> *Orison Swett Marden*

Se quiser ganhar riqueza, ganhe primeiro uma riqueza de conhecimentos.

> **"Nenhum homem pode ser feliz se abrigar pensamentos de vingança, ciúme, inveja ou ódio."**
> *Orison Swett Marden*

Supere o ódio. Perdoe e vá em frente.

> **"'Não se pode fazer', grita o homem sem imaginação. 'Pode ser feito e feito será', grita o sonhador."**
> *Orison Swett Marden*

E, em algum ponto no meio, fica a parte do "trabalho duro".

> **"Poucos chegam a aprender a arte de apreciar as pequenas coisas da vida enquanto avançam."**
> *Orison Swett Marden*

A felicidade não fica no fim do caminho, mas ao longo do caminho.

> **"A própria essência da felicidade é honestidade, sinceridade e veracidade."**
> *Orison Swett Marden*

Domine esses três elementos e a conquista se seguirá automaticamente.

Free GitBit... Encontre a lista completa de citações de Marden sublinhadas por John Patterson e a lista de livros de Marden em www.gitomer.com; digite a palavra MARDEN na caixa GitBit.

> "Basta ser quem és."
>
> **Orison Swett Marden**
> *He Can Who Thinks He Can*, 1908

"Para ser o melhor para os outros, primeiro você tem de ser o melhor para si."

Jeffrey Gitomer

Ser você mesmo sempre foi um tema comum dos "aconselhadores" brilhantes, desde Oscar Wilde — "Seja você mesmo, todos os outros já foram ocupados" — a Dale Carnegie, cujos clássicos imortais, *Como fazer amigos e influenciar pessoas* e *Como parar de se preocupar e começar a viver*, têm como fio condutor "seja quem você é".

Na minha coleção de obras de Marden, tenho uma carta pessoal enviada por Marden a possíveis assinantes da sua revista *Success Magazine* (uma mala-direta primitiva). Ela dá um raro vislumbre da filosofia e do tino comercial do fundador. Datada de 1922 e assinada pelo próprio Marden, a carta tem no alto da página a seguinte citação: "As impossibilidades são meramente o esforço morno dos que desistem."

A carta começa: "Caro sonhador", e aqui, para seu prazer de fazer logo essa merda, está o corpo da carta:

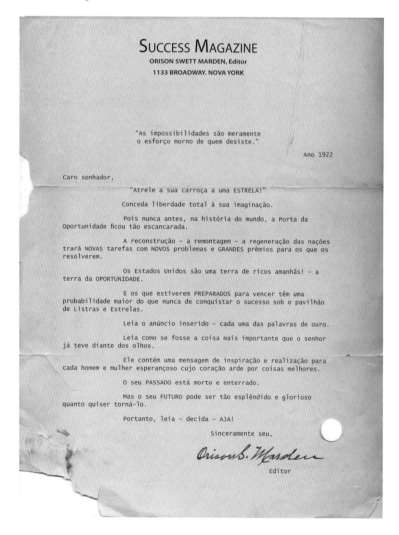

Fui influenciado por muitos escritores e pensadores com o passar dos anos. Orison Swett Marden está no alto da minha curta lista. Não como escritor, mas como pensador. Não só como autor, mas como alguém que pôs em prática o que pensava. Um realizador. Um líder. Um criador de padrões. Gente que faz.

Comece a ler Marden hoje. Muitas obras suas foram relançadas. Possua algumas, leia algumas e tenha uma noção de suas ideias e filosofias.

Qual é a melhor maneira de aplicar a sabedoria de Marden à sua vida? Comece a estudar e aplique o que lhe parecer confortável.

Jeffrey Gitomer

"Quando faz logo essa merda, você obtém o que precisa. Quando faz logo essa merda, você obtém o que quer. Quando faz logo essa merda, você obtém o que deseja. Quando faz logo essa merda, você obtém o que merece.

MAS...

Quando obtiver o que precisa, quando obtiver o que quer, quando obtiver o que deseja, quando obtiver o que merece, é melhor estar preparado."

Jeffrey Gitomer

O plano de ação para fazer logo essa merda no mundo real

Culpar a REALIDADE.
Você culpa os outros ou outras coisas
pela sua falta de produtividade?
...OU É VOCÊ?

MUDE A SUA ATITUDE AO
ACORDAR PELA MANHÃ...
Acorde e sinta o cheirinho da POSITIVIDADE
Acorde e sinta o cheirinho da
RESPONSABILIDADE

Senão, você vai acordar e sentir o cheirinho da sua inatividade, acordar e sentir o cheirinho da sua falta de produtividade, acordar e sentir o cheirinho da sua atitude negativa, acordar e sentir o cheirinho da sua mediocridade e acordar e sentir o cheirinho do seu desemprego.

Jeffrey Gitomer

O MUNDO DAS DESCULPAS...
Toneladas de desculpas, mas nenhuma boa razão

Jeffrey Gitomer

3,5 realidades para ajudar você a superar a "lombada"

1. **Diga-me a definição de Dia da Lombada**
   - O Dia da Lombada é aquele em que você não faz nada além de reclamar, ter pena de si mesmo e planejar o fim de semana. Talvez, como uma prévia, até se embebede na NOITE DA LOMBADA (quarta-feira). Isso mostra o seu verdadeiro modo "rebelde". É claro que rebelde significa "idiota e burro".
   - Pare de se queixar, pare de reclamar do seu emprego, do seu chefe, da sua renda, do seu cônjuge, da sua vida, e faça logo essa merda (faça ALGUMA COISA).
   - Planeje o sucesso do mesmo modo que você planeja o fim de semana e será uma das pessoas mais bem-sucedidas do mundo.
   - Ame-o ou deixe-o. Emprego, relacionamento, carreira ou bairro. NÃO meça dinheiro, meça amor.
   - Pode estar na hora de uma reavaliação.

Os dias MENOS produtivos da semana são a quarta-feira e a sexta-feira. Uma imensa oportunidade de dobrar a produtividade apenas dobrando o esforço.

2. Gestão de tempo é bobagem

- O maior desperdício de tempo é um dia inteiro de curso de gestão do tempo.
- ALOQUE O SEU TEMPO
- FAÇA UMA COISA IMPORTANTE TODO DIA
- Escute música; ela estabelece o seu ritmo interior e a sua felicidade
- Entre no clima
- Leia algo positivo ou inspirador
- Converse com quem você ama
- Ligue para um velho amigo e reviva uma história
- Fale consigo mesmo

Você já sabe o que fazer, só não está fazendo.

3. A bênção e a maldição da multitarefa

- Não é natural e também não é boa.

- Quando tenta fazer duas coisas ao mesmo tempo, uma delas é malfeita — talvez as duas.

- Faça uma tarefa, dê uma pausa e volte a se concentrar na outra tarefa.

CONCENTRE-SE NUMA COISA DE CADA VEZ

"A ÚNICA hora em que faço multitarefa é quando estou procrastinando: consigo adiar todo tipo de merda ao mesmo tempo. Isso também é chamado de 'cochilar'."

Jeffrey Gitomer

3,5 SUPERAR A PARALISIA DO PRIMEIRO PASSO...

- COISA DEMAIS A FAZER, SEM TEMPO PARA FAZER... SOBRECARGA
- Faça uma lista TOTAL numa planilha para ter uma visão mais clara
- Não só números e nomes do que fazer, mas estimativas de tempo e prazos
- Fazer Coisas Importantes (vitórias a longo prazo) contra Mitigar Coisas Urgentes (têm de ser feitas agora)
- INVESTIR TEMPO (ler) contra GASTAR TEMPO (Netflix)
- TENHA A INTENÇÃO DE FAZER e você Fará Logo Essa Merda

> A má atitude e a crença insuficiente frustram o desejo, a determinação e as intenções. Seja Intencional e será Produtivo.
>
> *Jeffrey Gitomer*

> "A autoconfiança é o melhor capital do mundo. A autodepreciação é um crime."

Orison Swett Marden
He Can Who Thinks He Can, 1908

12,5
passos para fazer logo essa merda

1.
TOME A DECISÃO...
DECIDA QUE É VOCÊ

- Troque o dia da lombada pelo DIA DE BOMBAR
    - Pare de reclamar e comece a produzir
- Troque obrigação por oportunidade
    - Amar o que faz transforma obrigações em oportunidades
- A melhor hora é AGORA!
    - Construa o seu sucesso ANTES de construir o seu Facebook
- Orgulhe-se da conquista
    - Assuma a propriedade da sua vida, e o resto vai atrás
- O segundo lugar não é opção
    - Nas vendas, o segundo lugar é o primeiro perdedor
- Decida um dia de cada vez
    - Tenha a intenção de implementar o plano do dia
- Peça ajuda
    - Quais são as MELHORES pessoas que você conhece?
    - Quais são os especialistas que você conhece?
    - Seja profissionalmente amistoso e busque relacionamentos, não só favores
    - Ofereça valor percebido, não a isca do dinheiro

2.
Não "gerencie" o tempo… "aloque" o tempo E aproveite o tempo

Gestão de tempo é um frustrante desperdício de tempo
- Divida o seu dia em períodos de trinta minutos.
- Aloque cada período a algo produtivo.
- Aja em cada segmento alocado.

A alocação de tempo triplicará a sua produtividade.

> "As pessoas não percebem o imenso valor de utilizar os minutos livres."
>
> Orison Swett Marden
> Do livro
> *He Can Who Thinks He Can,* 1908

3.
Tenha um ENTENDIMENTO FUNDAMENTAL DA CONQUISTA.

Há quatro tipos de meta:
conquistar, melhorar,
material, monetária.
Duas são boas.

- O perigo é lutar pelo TER MATERIAL e pelo TER MONETÁRIO em vez de SER MELHOR e CONQUISTAR E FAZER MELHOR.
- Melhore em primeiro lugar, conquiste em primeiro lugar, "tenha" em segundo lugar.
- Melhore e conquiste elementos da meta e comemore a realização pelo caminho.
- Não complique. Trace o plano diário.
- Tenha a intenção de agir.
- Busque ajuda quando necessário, não em pânico.

A dose diária é o segredo.

"Um teste da qualidade do indivíduo é o espírito com que faz o seu trabalho."

Orison Swett Marden
Do livro
He Can Who Thinks He Can, 1908

4.
E a SAÚDE?

- Saúde do corpo e da mente é um **FATOR FUNDAMENTAL** da conquista.
- A má saúde mental e física impedirá a produtividade.
- Todo escritor de autoajuda dos últimos 150 anos põe a saúde nas cinco categorias principais da atitude positiva e da conquista. Deve haver alguma verdade aí.
- MAS, quando está se sentindo saudável, você tende a ver a sua saúde como garantida.
- É quando a saúde falha que você se dedica a "melhorar".

Mantenha a sua saúde enquanto estiver se sentindo bem.

5.
A INTENÇÃO É A BALA DE OURO
(e você tem o poder de fogo).

- As suas intenções, NÃO AS SUAS METAS NEM A SUA LISTA DE AFAZERES, determinam as suas conquistas.
- Se ama o que faz ou tem inspiração para conquistar, você Fará Logo Essa Merda.

Depois de estabelecidas as intenções, a conquista virá atrás.

6.
Resolva as mídias sociais e comunicações pessoais ANTES DAS 8 da manhã e DEPOIS DAS 8 da noite.

- Onde e quando você começa o dia?
- Antes das 8 da manhã e depois das 8 da noite lhe dará um dia inteiro de trabalho, uma noite com a família e bastante tempo para fazer contatos e interação social.
- Trabalho pela manhã ou à noite. Faça Logo o máximo Dessa Merda pela manhã.
- Produza durante o dia; promova e se prepare à noite.

É imperativo que você produza durante o seu tempo de maior "oportunidade produtiva".

7.
TOME CAFÉ DA MANHÃ COM O DINHEIRO.

NOTA DO AUTOR: Essa tem sido a minha prática nos últimos vinte anos. DÁ CERTO.

- Comece o dia com conversas positivas, expectativas positivas e resultados produtivos.
- Reúna-se em casa, se possível. Prepare o café da manhã. Os segundos melhores lugares são neutros. Starbucks ou coisa parecida.
- Conversa leve, mas pessoal.
- Resultado projetado: 100 reuniões = 2 reuniões por semana aprofundarão 100 relacionamentos e lhe conseguirão 50 vendas – NO MÍNIMO.
- Transforme em diversão: SEMPRE compre as coisas deles com antecedência.

Comece o dia com uma reunião de dinheiro ou relacionamento.

8.
Comece a Fazer Logo essa Merda ao acordar.

- Desenvolva uma rotina matutina do dinheiro.
- Prepare-se para a manhã indo dormir sóbrio.
- Você será mais produtivo se amar o que faz.
- Há um segredo com 5 partes para acordar cedo pela manhã e já acender o seu fogo.
- Dedique a si mesmo a primeira hora do dia. Na sua hora, FAÇA ESSAS 5 COISAS: Ler. Escrever. Preparar-se. Pensar. Criar.

Escrever, Ler, Preparar-se
Pensar, Criar

Essa tem sido a minha rotina matutina nos últimos 25 anos... dá certo!

9.
NO CAMINHO DA PRODUTIVIDADE E DO LUCRO, VOCÊ ROMPERÁ BARREIRAS e AVANÇARÁ AO FAZER LOGO ESSA MERDA.

- Por que comemorar a vitória? Para ter o incentivo, a coragem e a sensação boa que a conquista traz à sua autoconfiança de que conseguirá de novo.
- Limpe a sua mente documentando tudo o que há nela. Isso ajudará a "lembrar" tudo o que o faz afundar e a criar clareza para começar o processo de conquista.
- O que fazer se você não está no clima — não tem vontade — está sobrecarregado e outras desculpas de bosta: essa é a HORA de se dar um pontapé na bunda.

Em algum momento você começará a conquistar, e é fundamental documentar o momento e o que aconteceu.

10.
PONHA ONDE POSSA VER TODO DIA A FÓRMULA SECRETA PARA FAZER LOGO ESSA MERDA.

Produtividade menos Procrastinação = LUCRO

PONHA TAMBÉM
Os ingredientes secretos para Fazer Logo Essa Merda... desejo, determinação, amor pelo que faz e "ações baseadas em sucessos para fazer logo essa merda".

ACRESCENTE O ENTENDIMENTO COMPLETO DE QUE

"Decidir" e "Ter a Intenção" são as forças desconhecidas que criam as ações que fazem logo essa merda; depois, é uma questão de concentrar-se sem distrações.

11.
CONHEÇA OS VALORES E AS CAUTELAS DE FAZER LOGO ESSA MERDA

O valor de fazer, o valor de completar e o custo do fracasso na conquista

- Quanto mais se valorizar, mais você valorizará automaticamente o seu tempo.
- Quanto mais ações realizar para a conquista, mais você se valorizará.
- A conquista é aumentada diariamente (ou não).
- A vitória é tanto mental quanto física.

O custo da conquista é, principalmente, tempo — tempo INVESTIDO.

12.
SOME o fator emocional do sucesso "até não poder mais".

- Quando buscar uma meta ou tiver uma tarefa a cumprir, PERGUNTE-SE: qual é o meu nível de dedicação e a minha intenção de fazer isso?
- Acrescente emoção, e isso se tornará mais uma prioridade e uma intenção.
- O acréscimo emocional a qualquer tarefa, projeto ou meta é a diferença entre conquistar e "quase".

Pense em reescrever e reafirmar as suas metas e tarefas e termine-as com "até não poder mais".

12.5
O SEGREDO PERDIDO...

AMOR A FAZER

- Sempre faça aquilo de que mais se lembrará. Embora pareça um pouco exagerado no que diz respeito ao mundo real — quer dizer, em algum momento você tem de trabalhar —, isso tem a ver com fazer logo essa merda, melhor dizendo, a sua produtividade rumo ao sucesso. Se você AMA o que faz, sempre estará "com vontade" de fazer.
- Case-se com o seu sucesso — o casamento é um compromisso para a vida inteira — seja leal consigo — e fique ansioso para conquistar — pelo amor que sente.

*Mostre-me a paixão e
eu lhe mostrarei a conquista
E a grana!*

> "O hábito de adiar matará a mais forte iniciativa."
>
> Orison Swett Marden
> Do livro
> *He Can Who Thinks He Can*, 1908

Acasos felizes.

Já defini isso como "o jeito de Deus de permanecer anônimo". Mas é mais do que isso.

O acaso feliz é aquele momento em que sorte e oportunidade colidem. E é nesse momento que você é desafiado a perceber o acaso e deixar a si mesmo e às pessoas que ama em melhor situação.

Bem-sucedido. Realizado. Você correu atrás da bola e marcou o gol.

OBSERVE BEM:
Quando obtiver o que quer, é melhor estar preparado. Preparado para capitalizar, preparado para crescer, preparado para aproveitar, preparado para dividir e preparado para apreciar — mas não exagere.

Jeffrey Gitomer

> "A melhor hora de fazer logo essa merda é agora mesmo!"
>
> Jeffrey Gitomer

Ferramentas recomendadas por Jeffrey Gitomer para ajudar você a fazer logo essa merda

Visite getshitdonethebook.com

No FIM,
tudo cabe a você.

"A conquista e o sucesso se resumem a uma só pessoa... e toda manhã, no espelho do banheiro, é ela que você está olhando!"

Jeffrey Gitomer

> "Ame o que faz ou faça outra coisa."
>
> Jeffrey Gitomer

JEFFREY GITOMER
Rei das vendas

Gitomer definição (guí-to-mer) s. 1. Escritor e palestrante criativo e ligado no 220, mundialmente renomado pela competência em vendas, lealdade do cliente e desenvolvimento pessoal; **2.** conhecido por apresentações, seminários e palestras engraçados, informativos e objetivos; **3.** realista; **4.** excêntrico; **5.** acerta em cheio; e **6.** dá ao público informações que podem ser usadas na rua um minuto depois do fim do seminário e transformadas em dinheiro. Ele é o atual Rei das Vendas.

Ver também: vendedor.

ESCRITOR. Jeffrey Gitomer é autor dos bestsellers *A Bíblia das vendas, O livro vermelho das vendas, O livro negro do networking* e *O livro de ouro da atitude YES!* A maior parte dos seus livros chegou ao primeiro lugar nas listas de *bestsellers* da Amazon.com, como *Customer Satisfaction Is Worthless, Customer Loyalty Is Priceless, The Patterson Principles of Selling, O livro vermelho das vendas, O livro verde da persuasão, O livro prata do dinheiro em caixa – din din!, O livro azul da confiança, Boom de mídias sociais, Estratégico Livro da Liderança, 21.5 Unbreakable Laws of Selling* e *Sales Manifesto*. Os livros de Jeffrey foram citados mais de quinhentas vezes nas principais listas de mais vendidos, com milhões de exemplares no mundo inteiro.

MAIS DE 75 APRESENTAÇÕES POR ANO. Jeffrey dá seminários para empresas e público em geral, realiza reuniões anuais de vendas e organiza programas de treinamento virtual e presencial sobre vendas, atitude YES!, confiança, lealdade do cliente e desenvolvimento pessoal.

PRÊMIO DE EXCELÊNCIA EM APRESENTAÇÕES. Em 1997, Jeffrey recebeu a designação de Certified Speaking Professional (CSP) da National Speakers Association. O prêmio CSP foi concedido menos de quinhentas vezes nos últimos 25 anos e é o mais importante da entidade.

HALL DA FAMA DOS PALESTRANTES. Em agosto de 2008, Jeffrey passou a integrar o Speakers Hall of Fame da National Speakers Association. A designação CPAE (Counsel of Peers Award of Excellence, prêmio de excelência do conselho de pares) homenageia palestrantes profissionais que chegaram ao escalão superior de excelência em desempenho. Cada candidato tem de demonstrar o domínio de sete categorias: originalidade do material, exclusividade do estilo, experiência, execução, imagem, profissionalismo e comunicação. Até hoje, 191 dos maiores palestrantes do mundo foram homenageados, como Ronald Reagan, Art Einkletter, Colin Powell, Norman Vincent Peale, Earl Nightingale e Zig Ziglar.

MÍDIAS SOCIAIS PROFISSIONAIS

@JEFFREYGITOMER

TREINAMENTO EM VENDAS ONLINE E DESENVOLVIMENTO PESSOAL.

A Gitomer Learning Academy é só Jeffrey, o tempo todo. Contêm as informações práticas de venda do mundo real, as estratégias e ideias de Jeffrey que começam com uma avaliação baseada em habilidades e depois oferecem um curso interativo com certificação. É motivação e reforço constante em vendas, com capacidade de acompanhar, medir e monitorar o progresso e as conquistas. Visite GitomerLearningAcademy.com.

SALES CAFFEINE. *Sales Caffeine*, o boletim semanal gratuito de Jeffrey, é um chamado à ação em toda manhã de terça-feira para mais de 250.000 assinantes. Você pode assinar em www.gitomer.com/sales-caffeine.

PODCAST SELL OR DIE. Jeffrey Gitomer e Jennifer Gluckow transmitem os seus conhecimentos sobre vendas e desenvolvimento pessoal no podcast *Sell or Die*. No mundo em constante mudança de hoje, ainda há uma única constante: vender ou morrer. Sintonize no iTunes ou no seu aplicativo favorito de podcasts; basta procurar *Sell or Die*.